Autor _ Marlowe
Título _ A história trágica do Doutor Fausto

Copyright _ Hedra 2006

Tradução® _ A. de Oliveira Cabral

Corpo editorial _ Adriano Scatolin,
Alexandre B. de Souza,
Bruno Costa, Caio Gagliardi,
Fábio Mantegari, Iuri Pereira,
Jorge Sallum, Oliver Tolle,
Ricardo Musse, Ricardo Valle

Dados _

Dados Internacionais de Catalogação na Publicação (CIP)

M298   Marlowe (1564—1593).
A história trágica do Dr. Fausto. / Marlowe.
2ª Edição. Tradução de A. de Oliveira Cabral.
Introdução de Dirceu Villa. — São Paulo:
Hedra, 2011. 124 p.

ISBN 978-85-7715-023-6

1. Literatura Inglesa. 2. Teatro. 3. Teatro
Elizabetano. 4. Literatura Dramática.
5. Doutor Fausto. I. Título. II. Marlowe,
Cristopher (1564—1593). III. Cabral, A. de
Oliveira, Tradutor. IV. Villa, Dirceu.

CDU 820
CDD 823

Elaborado por Wanda Lucia Schmidt CRB-8-1922

Direitos reservados em língua
portuguesa somente para o Brasil

EDITORA HEDRA LTDA.

Endereço _
R. Fradique Coutinho, 1139 (subsolo)
05416-011 São Paulo SP Brasil

Telefone/Fax _ +55 11 3097 8304

E-mail _ editora@hedra.com.br

Site _ www.hedra.com.br
Foi feito o depósito legal.

Autor _ MARLOWE

Título _ A HISTÓRIA TRÁGICA DO DOUTOR FAUSTO

Tradução _ A. DE OLIVEIRA CABRAL

Introdução _ DIRCEU VILLA

São Paulo _ 2011

Cristopher Marlowe (Canterbury, 1564—Londres, 1593) é um dos mais importantes dramaturgos ingleses que produziram durante o reinado de Elizabeth I (1558—1603), como Ben Jonson, John Webster e William Shakespeare, dentre mais de cinquenta autores. É notável o uso que fez dos versos brancos em suas peças, versos sem rima, porém metrificados. Embora não os tenha introduzido no teatro inglês, Marlowe é autor de uma forma tão precisa que passou a ser amplamente seguida pelos dramaturgos elizabetanos. Após seu assassinato, encoberto por suspeitas, mas sem motivos evidentes, Ben Jonson define seus versos como "as linhas fortes de Marlowe". Sua primeira peça, *Dido, rainha de Cartago* (*Dido, Queen of Carthage*), foi provavelmente escrita com Thomas Nashe. *Tamburlaine, o grande* (*Tamburlaine, the Great*), de 1587, foi encenada em Londres, e talvez tenha sido assistida por Shakespeare. Escreveu ainda *O judeu de Malta* (*The Jew of Malta*), 1589, *Eduardo II*, (*Edward the Second*), 1593, e *O massacre de Paris* (*The Massacre of Paris*, 1593.

A história trágica do Doutor Fausto (*The tragical history of Doctor Fautus*), escrita em 1588 ou 1592, foi, provavelmente, baseado na *História do Doutor Fausto* (*Historia von Dr. Johann Faustus*), de 1587, recolha anônima alemã de contos sobre praticantes de ciências ocultas. A peça foi escrita parte em verso parte em prosa, e trata da história de um homem que faz um pacto com o diabo, oferecendo sua alma em troca de favores diabólicos. Foi publicada em 1604, oito anos após a morte do autor. Há, porém, duas versões do texto, a primeira de 1604 e outra, de 1616, em que são omitidos 36 versos e adicionados outros 676.

A. de Oliveira Cabral produziu a tradução ora apresentada, com base no texto de 1604, para a Papelaria Fernandes Livraria (Lisboa, Portugal), na década de 1950. Dentre suas opções, procurou seguir "um metro correspondente ao inglês", traduzir "quase linha a linha" e "em linguagem falada", como ele mesmo observa na nota sobre a tradução.

Dirceu Villa é mestre em Letras pela USP. É poeta, autor de MCMXCVIII (Badaró, 1998), *Descort* (Hedra, 2003) e *Icterofagia* (Hedra, 2008). Traduziu para a Coleção de Bolso da Hedra *Um anarquista e outros contos*, de Joseph Conrad (2009). Colabora em diversos veículos da imprensa.

SUMÁRIO

Introdução, por Dirceu Villa......................... 9

A HISTÓRIA TRÁGICA DO DOUTOR FAUSTO 25

INTRODUÇÃO

QVOD ME NVTRIT ME DESTRVIT

Descobriu-se no Corpus Christi College, não faz muito tempo, um retrato a óleo que provavelmente estamparia o busto de Christopher Marlowe, datado de 1585, com a idade do retratado assinalada, 21 anos; ele tem um rosto ovalado, olhos melancólicos, ostenta vasta cabeleira castanha e finos bigodes, está de braços cruzados, vestindo camisa de seda branca com um gibão escuro por cima, com detalhes em vermelho, botões dourados no peito e nas mangas, e nos observa de uma posição de três quartos de perfil sob um ligeiro sorriso; na parte superior esquerda, encontramos o *motto* em latim que serve de título a esta primeira parte da introdução, e significa: "o que me alimenta, me destrói". Não por acaso, como veremos, se diz que foram palavras proféticas.

É muito difícil a situação de qualquer grande autor, como Christopher Marlowe o foi, que tenha de dividir sua época com alguém tão extraordinário quanto William Shakespeare. O ajuste de perspectiva acaba sendo muito difícil. Marlowe e Shakespeare nasceram no mesmo ano (1564), o pai do primeiro era um sapateiro, o do segundo, um luveiro; mas Marlowe alcançou muito antes o sucesso com suas peças, e diz-se que Shakespeare teria visto uma encenação de *Tamburlaine* em seus primeiros dias em Londres, decidindo os passos futuros de sua carreira. Anthony Burgess, em seu *English Literature*, chega mesmo a dizer, com o exagero que certas vezes nos dita o amor: "Ele [Marlowe] é um grande poeta e dramaturgo que, não tivesse sido morto precocemente numa taverna em Londres, poderia bem ter se tornado maior até do que Shakespeare".[1]

Evidentemente, quando escrevemos "Shakespeare" hoje, esse nome tem um peso que não tinha em sua própria época: era um dos principais dramaturgos de uma Inglaterra repleta deles — Thomas Kyd, John Lyly, Thomas Nashe, e depois viriam ainda Ben Jonson, Francis Beaumont, John Fletcher etc. —, quando provavelmente o distintivo para um grande artista da palavra não se encontrava no teatro, mas na poesia, em que havia, entre muitos outros, Philip Sydney (cujos sonetos e a obra em prosa *Arcadia* teriam servido de modelos para Shakespeare: um técnico, outro, temático) e Spenser, do longo poema *The Fairie Queene,* para a rainha Elizabeth I.

Mas o teatro inglês, no século XVI, e sob os auspícios da *rainha virgem*, estava se tornando uma arte tão popular quanto escrita por autores cultivados, que agradava imensamente aos cortesãos, também cultivados. O próprio Marlowe havia concluído seu curso no Corpus Christi College, em Cambridge, quando chega com o rascunho de uma de suas peças iniciais para mostrar ao veterano Robert Greene: devemos nos lembrar também de que era teatro parcialmente em verso e que, embora isso hoje pareça algo absolutamente inimaginável, teve uma longa história dos gregos até William Butler Yeats e T. S. Eliot.

No século XVI, o desenvolvimento do verso branco dramático florescia graças, em boa parte, ao talento de Marlowe. Na verdade, o verso branco dramático utilizado depois pelo poeta de Stratford-upon-Avon deve bastante ao de Marlowe, que a partir de experiências prévias o transformou na chamada "mighty line" — a "linha poderosa", na expressão

---

[1] Burgess, Anthony. *English Literature*. Essex: Longman, 1990, p. 72.

DIRCEU VILLA

de Ben Jonson[2] —, aquela à qual Shakespeare mais tarde acrescentaria os desenvolvimentos de seu verso flexível, musical: foram dois imensos passos em relação a antecessores imediatos, como, por exemplo, o próprio Robert Greene.[3]

E Marlowe não foi apenas um dramaturgo incrivelmente talentoso, mas também bom poeta (leiam-se poemas como "The Passionate Sheepheard to his Love" ou "Hero and Leander") e um dos melhores tradutores para a língua inglesa, até os dias de hoje, de Ovídio — de quem transpôs as elegias dos *Amores*.[4] São qualificações notáveis para um autor que morreu muito jovem (1593), assassinado no que parece ter sido uma estúpida briga de rua,[5] tendo deixado portanto uma obra teatral relativamente pequena (*Dido, the Queen of Carthage; Tamburlaine the Great; Doctor Faustus; The Jew of Malta; Edward the Second; The Massacre at Paris*).[6] Mas foi o suficiente para insuflar nova vida ao teatro elisabetano e posterior, cujo desenvolvimento ficaria a cargo de Shakespeare, Jonson, Beaumont, Fletcher e outros. Marlowe foi (e isso está muito longe de ser pouco) um desses acontecimentos necessários para desencadear um período de grandes conquistas artísticas.

---

[2]No poema "To the Memory of My Beloved Master, William Shakespeare": "And tell how far thou didst our Lyly outshine,/ Or sporting Kyd, or Marlowe's mighty line."

[3]Que nutria notória inveja do jovem Shakespeare, chegando mesmo a fazer um trocadilho (ruim, é verdade) com seu nome em uma carta, chamando-o "Shake-scene", isto é, o "sacode-cena".

[4]Utilizando o *rhymed couplet* para traduzir o dístico elegíaco latino.

[5]Ou não. O mistério de sua morte já fez com que pensassem que Marlowe era uma espécie de agente de propaganda da rainha, ou um espião, e portanto seu assassinato poderia ter sido politicamente premeditado.

[6]Marlowe, Christopher. *The Complete Plays* (introdução de J.B. Steane). Middlesex: Penguin, 1977.

A TRÁGICA HISTÓRIA DE VIDA E MORTE DO DOUTOR FAUSTO

A *Historia von D. Johann Fausten*, de meados do século XVI, escrita em alemão, é a primeira aparição, nas letras, desse personagem que supostamente teria existido e seria um médico em Wittenberg. É quase inevitável que Marlowe tenha tomado conhecimento desse texto, pois logo no início da peça o Coro arrola as informações do personagem iguais às da *Historia*, e dispostas praticamente na mesma ordem: "O Doutor Fausto, filho de um fazendeiro, nasceu em Roda, na Província de Weimar. Seus pais eram pessoas tementes a Deus e cristãs, com muitos conhecidos em Wittenberg"; Fausto, no entanto, fora viver com os tais conhecidos de Wittenberg, onde estudara. Era "ateu", magnificamente dotado de *ingenium* e *memoria*, diz a *Historia*. Os interesses de Fausto são descritos da mesma forma no livro e na peça, e as semelhanças prosseguem. Mas a primeira edição inglesa que se conhece desse texto é de 1592, e a peça é normalmente datada de 1588–1589. Uma das hipóteses é a de que Marlowe tivesse uma edição mais antiga, hoje desaparecida.

No texto de Marlowe, o Doutor Fausto (cujo nome pode significar etimologicamente "alegre" e "ditoso", como também, e talvez mais adequadamente a seu nível de presunção, "luxo" e "pompa"), médico eruditíssimo em todos os ramos do conhecimento, resolve chamar seus suspeitos amigos Cornélio e Valdez para lhes mostrar esta ciência ainda não experimentada, que atenderia a seus caprichos e, também, à sua inata curiosidade científica. A esta ciência ele chama "necromancia", mas, na verdade, irá invocar Mefistófeles, das hierarquias demoníacas, para que seja seu servo por duas décadas, ao fim das quais, por contrato de sangue, dará sua "gloriosa alma" a Lúcifer. Luther Link, em seu livro sobre o diabo, escreve: "Os

DIRCEU VILLA 13

tratamentos literários do Diabo (com exceção de um manuscrito do século IX, em saxão antigo) foram meras paráfrases de fontes bíblicas até que, c. 1589, Christopher Marlowe escreveu *A história trágica do Doutor Fausto*".[7] E Marlowe teve uma ideia bastante influente na representação do diabo.

Uma das mais velhas edições que se conhece da peça é aquela que estampa na folha de rosto a famosa gravura do Doutor Fausto dentro do círculo de proteção, sob a qual vem escrito: "Printed at London for *John Wright*, and are to be sold at his shop without Newgate, 1631".[8] É a impressão de 1631 da edição "with new adittions" (com novas adições), de 1616. As novas adições foram as comissionadas por Philip Henslowe a William Birde e Samuel Rowley (que em 1602 receberam quatro libras por elas, uma quantia considerável), e são basicamente mais algumas cenas cômicas e uma parte mais extensa dedicada a atacar o catolicismo. Esse texto de 1616 com as adições é chamado de "texto B", enquanto que o de 1604 é chamado "texto A", e normalmente os editores modernos o preferem — considerado não apenas mais autêntico como de enredo mais bem resolvido e enxuto, o que de fato é —, com algumas pequenas intervenções lineares de "B".

Marlowe teria escrito a peça, como disse, entre 1588–1589, que se tornou muito popular e entrou para o repertório daquelas representadas regularmente. E um bom motivo para isso é que se trata de um dos grandes exemplos de peça concebida para o maravilhamento visual do público, com cenas escritas para incorporar os diversos efeitos técnicos da maquinaria então disponível, como escreveu *dame* Frances Yates:

[7] Link, Luther. *O Diabo: a máscara sem rosto* (trad. Laura Teixeira Motta). São Paulo: Companhia das Letras, 1998, p. 9.

[8] Lehner, Ernst & Johanna. *Devils, Demons, And Witchcraft*. London: Dover Publications, 1971, p. 31.

INTRODUÇÃO

O aparato diabólico usado nas produções causava excitamento e terror. Demônios hirsutos com fogos de artifício na boca corriam rosnando pelo palco; tocadores de tambor criavam trovões nas coxias; técnicos produziam raios artificiais nos céus. Descreveu-se, no século XVII, uma aparição visível do Diabo no palco — nos dias da rainha Elizabeth — durante uma apresentação de *Fausto*. Podemos ver por nós mesmos Fausto em pé dentro de um círculo marcado pelos símbolos dos sete planetas e dos doze signos do zodíaco, na página de rosto da edição de 1616, conjurando um demônio.[9]

A menção a essa aparição, ou a aparições durante a encenação da peça, será citada em toda parte. Obviamente, não precisamos acreditar nisso para medir a efetividade de Marlowe em escrever uma invocação ao demônio: na cena III, Fausto descreve em detalhe o procedimento. E que procedimento seria? O da *goécia*. Fausto desenha o círculo de proteção com a representação dos astros e dos signos zodiacais; escreve anagramas do nome de Jeová; utiliza fórmulas que parodiam os usos da missa sagrada, e em latim; conhece os nomes dos demônios e os utiliza na invocação. No século XVI, o uso tão preciso desse temido ritual não poderia senão causar penetrante horror.

O uso da maquinaria apenas acentuava o fato de que Marlowe dominava muito bem as estratégias do discurso mágico de invocação demoníaca. Se comparamos a cena III, a da invocação, com aquela de Goethe em seu *Fausto*, vemos o quão infinitamente tola e infantil a segunda parece. Para facilidade comparativa dos leitores, na tradução de António Feliciano de Castilho, vai o trecho escrito por Goethe no qual Fausto saca Mefistófeles da falsa imagem de um cão:

[9] Yates, Frances. "The Reaction: Christopher Marlowe". In: *The Occult Philosophy in the Elizabethan Age*. London/New York: Routledge, 2003, p. 136.

DIRCEU VILLA 15

FAUSTO

(*Abrindo um vade-mécum de magia.*)
Atiro-me ao bruto; primeiro, coa fórmula
dos quatro chamada:
"Arda a Salamandra! Retorça-se a Ondina!
Esvaia-se o Silfo! Da terra na mina
         vá o Gnomo lidar! [...]
Tu, se és Salamandra, salta flamejante!
Se Ondina, difunde-te em vaga espumante!
Se és Silfo, em meteoro te exala brilhante! [...][10]

Que soa mais como os *anfiguri* de Bernardo Guimarães no
farsesco "Orgia dos duendes", no qual se nomeia ou evoca
uma série de criaturas fantásticas, e nada tem, precisamente,
de ocultismo. Igualmente, as falas de Mefistófeles são menos sentenciosas e impessoais, tendendo para algum humor,
com menos de uma verossimilhança infernal que embaralha
sutilmente verdade e mentira (como na peça de Marlowe).
Até mesmo no famoso livro de Jacques Cazotte, *Le Diable
amoureux* (1772), há mais verossimilhança na *ars diaboli*: o
personagem principal é levado pelos amigos a um lugar ermo,
no qual traçam o círculo com as inscrições, dizem para que
recite um texto e repita três vezes o nome de Beelzebuth (que
a Jesus Cristo, na *Bíblia*, dizem ser o "chefe dos demônios",
Mateus, 12:24), que então lhe surge com uma enorme cabeça
de camelo e pergunta, em italiano, *Che vuoi?*, isto é, "o que
queres?". O primeiro pedido, como no *Fausto* de Marlowe, é
que o demônio volte numa aparência menos repulsiva.[11]

[10] Goethe, Johann Wolfgang von. *Fausto* (trad. António Feliciano de
Castilho e prefácio de Otto Maria Carpeaux). Rio de Janeiro: W.M. Jackson
Inc., 1949, pp. 81–82.

[11] Nesta peça de Marlowe, Fausto pede que Mefistófeles volte como um
frade franciscano, o que leva Frances Yates a se perguntar se não seria
uma invectiva contra Francesco Giorgi, franciscano de Veneza, autor de *De
harmonia mundi*, neoplatônico e cabalista.

16 INTRODUÇÃO

Goethe, na verdade, construiu uma peça em que os aspectos mais objetivos de uma demonologia estão esfumados, ou quase desaparecem. Seu Fausto só não parece um total *naïve* pelo acordo com Mefistófeles para entregar-lhe a alma, em que, com muita perícia jurídica, implica como condição se satisfazer com os prazeres oferecidos pelo demônio, detalhe muito importante que não havia ocorrido ao Fausto marloviano. O interesse de Goethe estava todo no aspecto filosófico da separação entre dois impulsos: o do conhecimento metafísico e elevado, o do conhecimento carnal (ou físico) e baixo; no fundo, um embate cristão, e mais discurso filosófico em versos do que propriamente uma tragédia na qual a *hýbris* (o excesso) de orgulho será punida como nas antigas tragédias gregas, que, por outro lado, ressoam bastante na peça de Marlowe.

E isso é de fato intrigante em *Doctor Faustus*: sua inevitável punição deve-se menos a seus atos francamente heréticos e blasfemos do que ao excesso de orgulho, daquilo que se afirma desde o nosso primeiro encontro com Fausto em seu estúdio, quando repudia os conhecimentos raros que detém e despreza, quando gasta seus poderes em truques vãos para o público, até a frequente reiteração de seu próprio nome na terceira pessoa. Alude-se ao fato de que é uma peça de fundo duvidosamente moral (no sentido da moralidade cristã), e sem a presença de Deus — descontadas as intervenções angélicas e o delírio final de Fausto. E daí também a fama talvez equívoca de que Marlowe fosse ateu, amparada atualmente na nota de seu ex-companheiro e grande pilantra Richard Baines, um depoimento "contendo a opinião de um tal Christopher Marly a respeito de seu danoso juízo sobre a religião, e desprezo à

DIRCEU VILLA 17

palavra de Deus."[12] Mas essa nota está cheia de exageros graciosamente ridículos, que dificilmente se sustentariam.[13]

De qualquer forma, o teatro de Marlowe não é feito apenas de versos poderosos e bem escritos, como os que virariam epígrafe de célebres poemas de T. S. Eliot[14], ou que espelhariam a grandiosidade do desafio humano às convenções de sua limitada capacidade de conhecer: *Doctor Faustus*, como leremos aqui, é uma peça escrita de tal modo que gera controvérsias interpretativas entre acadêmicos até os nossos dias, nas quais alguns são partidários de um engenho de grande sutileza que teria agudamente disfarçado suas verdadeiras intenções, e outros da interpretação de que se trata de uma peça antirreformista e veementemente contrária ao Iluminismo Rosacruciano,[15] e a figuras como a epítome do mago renascentista, Heinrich Cornelius Agrippa von Nettesheim, e seu *De occulta philosophia*. Seria uma reação verificada paralelamente na obra do rei James I, *Daemonologie*, que, logo no prefácio, adverte:

A temível abundância, nesta época e neste país, destes detestáveis escravos do Demônio, os bruxos ou feiticeiros, me levaram (caro leitor) a compilar este meu presente tratado, de maneira alguma (insisto) para servir de espetáculo de meu conhecimento e engenho, mas apenas (levado pela consciência) para assim ajudar, o quanto seja capaz, a decidir os corações vacilantes de muitos; porque tais

[12] "The Baines Note". In: Marlowe, Christopher. *The Complete Plays* (org. Frank Romany e Robert Lindsey). London: Penguin, 2003, p. XXXIV.

[13] Coisas que Baines alegou ter ouvido de Marlowe: que "Cristo era um bastardo e sua mãe, desonesta"; que "todos os protestantes eram uns asnos hipócritas"; que "São João Evangelista era companheiro de cama de Cristo e se deitava em seu colo, e era usado por ele como os pecadores de Sodoma"; que "o anjo Gabriel havia sacaneado o Espírito Santo, porque trouxera a saudação a Maria". *Op. cit.*, pp. XXXIV–XXXV.

[14] Os poemas são "Portrait of a Lady" e "Mr. Eliot's Sunday Morning Service". Ambas epígrafes extraídas de *The Jew of Malta*.

[15] Expressão de Frances Yates.

18　　　　　　　　　　　　　　　　　　　INTRODUÇÃO

ofensivas de Satã, certamente praticadas, e aqueles que são seus instrumentos, merecem ambos severa punição.[16]

Doutor Fausto instaura sempre uma ambiguidade de fundo que não se resolve: estaria Marlowe condenando as práticas de ocultismo, razoavelmente generalizadas à época, ou propondo uma tragédia da busca pelo conhecimento sem medidas? Muitos veem na peça a condenação do mago nos moldes de John Dee, conselheiro da rainha Elizabeth I, e a opõem francamente ao estilo de Próspero, mago shakespeareano de *A tempestade*, severo mas benevolente, dúbio mas sábio, aquele que instaura o caos e reconduz ao equilíbrio através da magia branca.[17]

Mas o Fausto marloviano seria, então, uma mistura daquele Fausto prototípico com as lendas sobre figuras históricas, como o alquimista Paracelso; como o erudito de talhe renascentista Cornelius Agrippa[18]; como o erudito John Dee, dono de uma das maiores bibliotecas da época[19] e notório ocultista (um dos responsáveis pela magia enochiana, ou de conjuração angélica), autor de *Monas hieroglyphica*, um tratado quase impenetrável que inclui noções complexas de astronomia, astrologia, alquimia e geometria para representar as correlações entre o mundo natural e o sobrenatural. De modo que à di-

[16] King James I of England. *Daemonologie*. London: The Bodley Head Ltd., 1922, p. IV.

[17] Reputadamente a última, ou ao menos uma das últimas peças de Shakespeare, *A tempestade* nos dá um mago que é o oposto de Fausto: Próspero. Fausto usa a chamada "magia negra", vinda de vários livros, chama demônios marcadamente da tradição judaico-cristã e é dominado por seu contrato com um deles; Próspero usa a chamada "magia branca", vinda de apenas um livro, comanda espíritos naturais (como fazia Marsilio Ficino, caso exemplar da Renascença italiana) de tradição pagã — apesar do nome de *Ariel* —, e os domina plenamente.

[18] Aludido no nome de um dos amigos necromantes de Fausto, Cornelius (ou "Cornélio", como na tradução).

[19] Era maior do que a biblioteca de Cambridge do período.

DIRCEU VILLA

fusa figura do doutor medieval[20] se reúnem não só aquelas prerrogativas antigas do temível conjurador de demônios, mas também a crescente indisposição pública com o humanista da Renascença, que dominava vários campos do saber, tanto técnicos e práticos como metafísicos e ideais. A desconfiança se dava porque, evidentemente, não pareciam (e de fato não eram) gente lá muito cristã, o que, por outro lado, é óbvio, não fazia deles monstros que popularmente se cria que fossem.

Por exemplo, Agrippa, em seu livro, dividia o universo em três instâncias: o mundo elemental, o celestial e o intelectual. O mais alto, a que pertence o Criador, seria o intelectual. Frances Yates escreve que Agrippa sumarizava, em seu *De occulta philosophia*, "as disciplinas da magia da Renascença; a magia hermética ensinada por Ficino" (e Ficino se ocupava apenas de magia branca) "e a magia cabalística introduzida por Pico della Mirandola"[21] (e Pico estava tentando harmonizar a estrutura do conhecimento para além das divisões religiosas, resguardando-se sempre na associação da magia a aspectos sagrados). No próprio *De occulta philosophia*, livro III, capítulo XXXII, chamado "Como podemos invocar os bons espíritos, e como podemos vencer os maus espíritos", Agrippa conclui avisando:

Devemos saber disto: aquele que trabalhar intelectualmente com maus espíritos, deve prendê-los com o poder dos bons espíritos; mas aquele que apenas trabalhar de maneira mundana, deverá trabalhar por seu próprio julgamento e danação.[22]

---

[20] Dominado nesse imaginário por criaturas peludas, chifrudas, com enormes presas e com faces no traseiro (normalmente beijado por seus seguidores), como se vê nas gravuras de *Das Buch Belial* (O livro de Belial), impresso em Augsburgo, em 1473.

[21] Francis Yates, *op. cit.*, p. 53.

[22] Nettesheim, Hernry Cornelius Agrippa von. *Three Books of Occult*

A ESTRUTURA DA PEÇA

É chamada "Tragicall Historie" e, portanto, se apresenta como uma tragédia. Sem dúvida, mas a tragédia não respondia mais, de maneira precisa, ao formato aristotélico dos cinco atos, unidade de espaço e tempo, efeito inicial de horror e depois, compaixão. Essa peça de Marlowe, sobretudo, confunde as estruturas de tempo e de espaço, põe lado a lado cenas de tragédia com os episódios farsescos dos chamados *clowns*. Não o faz ainda mesclando com naturalidade os episódios burlescos com o material próprio da tragédia, como veríamos mais tarde Shakespeare fazer exemplarmente em *Hamlet* (a cena dos coveiros) e *Macbeth* (a cena do porteiro bêbado), mas é exímio no uso do humor, como vemos na cena II, em que o servo de Fausto, Wagner, encontra os dois eruditos (ou *letrados*, como na tradução): é a imitação ridícula do discurso acadêmico que põe na boca de Wagner ao confrontar os dois homens que lhe perguntam sobre o mestre (além de incluir, adiante, uma ironia também com os puritanos):

Digo, sim senhor... [sobre o paradeiro de Fausto] Mas se vós não fôsseis tolos nunca me faríeis tal pergunta! Pois não é ele *corpus naturale*? E um *corpus naturale* não é *mobile*? Para que me fazeis então tal pergunta?

Esse é apenas um pequeno excerto, mas todo o trecho é antológico, para se pôr junto da sátira de Rabelais ao típico afetado acadêmico da Sorbonne; com uma ironia mais sutil, também faz Fausto invocar o simulacro de Helena de Troia para agradar ao apetite antiquado dos letrados. E não há apenas essas cenas humorísticas: há os vários trocadilhos, há a cena em que Robin e Ralph roubam o livro de Fausto etc.; e há uma cena de especial comicidade, a visita de Fausto ao papa,

Philosophy (trad. James Freake, notas de Donald Tyson). St. Paul: Llewellyn Publications, 2000, p. 568.

DIRCEU VILLA

um dos momentos em que a sátira encontra os personagens principais, e Fausto invisível zomba do sumo pontífice católico.

Marlowe, diferentemente de Shakespeare, ainda deve boa parte dessa peça às *morality plays* ("peças de moralidade"), cujo exemplo mais destacado em português seriam os autos de Gil Vicente (*Auto da barca do inferno, Auto da alma* etc.), e sua estrutura razoavelmente simples se deve a esse imbricamento formal: estamos flagrando Marlowe em pleno desenvolvimento da estrutura dramática. Ainda vacila, mas já ultrapassa em muito as *morality plays* de base (aponta tanto para elas quanto para o teatro posterior) na flutuante consciência de si que Fausto demonstra, gerando alguns dos melhores monólogos de introspecção do teatro inglês. Atenção especialmente para aquele sólido e magnificamente bem escrito monólogo final, cheio de versos preciosos como "See, where Christ's blood streams in the firmament!" (Vede a correr no Céu o sangue de Cristo!), ou "Ugly hell, gape not! come not, Lucifer!/ I'll burn my books! — Ah, Mephistopheles!" (Fecha-te, Inferno! Lúcifer, não venhas!/ Eu queimo os livros! — Ah, Mefistófeles!). Sim, os livros, porque, afinal de contas, são livros malditos, como lhe disse a aparição angélica.

Já o modo como trata espaço e tempo tem um aspecto muito interessante, que é o servir para uma interpretação da escrita da peça. Como? É preciso observar que o trato feito por Fausto com Mefistófeles (e entregue a Lúcifer, que virá reclamá-lo) cobriria vinte anos, mas vemos apenas algumas peripécias em sequência, que não nos trazem a sensação de tamanha passagem de tempo. Igualmente, em relação ao espaço, Fausto se desloca para onde quer, como vemos na cena VIII — num piscar de olhos visita cidades alemãs, passa por Paris e chega à Itália, para depois voltar à Alemanha.

A chave para se entender essa intensa mobilidade está numa das primeiras cenas, quando Fausto, tendo invocado

Mefistófeles, começa a interrogá-lo. Lemos sobre o julgamento dos anjos caídos:

FAUSTO

E julgados para onde?

MEFISTÓFELES

Para o Inferno.

FAUSTO

Como é que então de lá te encontras fora?

MEFISTÓFELES

Isto é o Inferno, e fora dele não estou.

A resposta de Mefistófeles à pergunta é ambígua; e ele dirá também que, tendo provado todos os eternos prazeres das alturas, é atormentado por um inferno de se ver apartado daqueles gozos perenes, pois foi um dos anjos que caíram com Lúcifer. Mas onde se encontra, então, o próprio Fausto? Permanece em seu estúdio ou é agora parte do mundo das sombras, onde fala e encontra simulacros, num duplo do teatro? Onde o tempo e o espaço são indeterminados? Marlowe aproveita o truque para construir uma peça que desafia, pela extrema compressão do tempo em alguns pontos e pela extrema distensão do espaço em outros, a maneira então comum de se apresentar um drama.

Tão incomum, na verdade, que seu texto serviu de base para uma recente versão cinematográfica, dirigida pelo grande mestre tcheco, Jan Svankmajer. *Faust* (1994), o filme de Svankmajer — que estudou manipulação de marionetes na Universidade de Praga[23] —, incorpora os aspectos teatrais

[23] Curioso notar como o teatro de marionetes está ligado à história de Fausto. Depois de Marlowe, a história passou a ser encenada em feiras de

DIRCEU VILLA

da representação do Fausto (sejam os textos ou a própria encenação diante da câmera), os aspectos míticos da lenda, as representações operísticas (Gounod, por exemplo) e utiliza com muita inteligência a mistura de tempo e espaço da história de Marlowe: a película começa nos dias de hoje, numa rua qualquer, mas é constantemente transportada para diversos outros lugares, onde as identidades se confundem, e as regras e a lógica da realidade são desafiadas, construindo uma reinvenção moderna desses índices já presentes na *Tragicall History of the Life and Death of Doctor Faustus*, num filme ao mesmo tempo difícil e brilhante.

A TRADUÇÃO PORTUGUESA

O texto que temos traduzido por A. de Oliveira Cabral nesta edição é o "a", com as tais pequenas intervenções lineares de "b", quando se julga que registre a melhor versão possível, num cotejo dos dois.

Cabral traduziu em verso e prosa, como no original, e optou por uma correspondência muito comum do pentâmetro jâmbico branco, do inglês, com o decassílabo branco da língua portuguesa (o que, apesar de externamente parecer inevitável, leva a uma compressão do verso em português, uma vez que o inglês é mais sintético). A métrica inglesa é mista, escandida normalmente por pés, mas tem forte aspecto de acentuação,

rua com bonecos, e uma dessas ocasiões teria sido justamente a primeira vez em que Goethe assistiu ao conto.

Svankmajer mistura os atores de carne e osso com a manipulação de bonecos enormes e *stop motion* (alguns baseados nas figuras de *Das Buch Belial*, já citado aqui), troca Wagner pelo Punch, e reconstrói as cenas da peça em outra ordem e sentido. Basta ver e comparar, por exemplo, a cena em que Fausto deixa sua perna falsa ser arrancada, no texto de Marlowe, e as cenas do velho que caminha com uma perna arrancada pelas ruas, no filme de Svankmajer.

em que o pentâmetro jâmbico se compõe de cinco pés jâmbicos, isto é:

To sound/ the depth/ of that/ thou wilt/ profess.

no qual a primeira sílaba de cada parte é fraca e sem acento e a segunda é forte, onde, normalmente, cai o acento. É um modo um pouco forçado, na verdade, e poetas e críticos já discutiram essa escansão, como o próprio Anthony Burgess no seu *English Literature*; em todo caso, emparelha-se esse tipo de verso com o decassílabo português:

Son/dar/ o /fun/do/ do /que /vás/ se/guir.

O verso decassílabo de Oliveira Cabral é honesto e, descontadas as elisões que funcionam para o português de Portugal, mas nos soam prosodicamente estranhas (como "Senhor's", para "Senhores", e "mór's", para "maiores", por exemplo), costuma ter uma construção que obedece o texto de Marlowe.

Finalmente, portanto, o texto dessa importantíssima peça está de novo disponível em português. Boa leitura.

A HISTÓRIA TRÁGICA DO DOUTOR FAUSTO

Personagens

O Papa[1]
Cardeal[2], *da Lorena*
Imperador[3], *da Alemanha*
Duque[4], *de Vanholt*
Fausto
Valdez[5]
Cornélio[6] } *amigos de Fausto*
Wagner,[7] *criado de Fausto*
Bobo[8]
Robin
Ralph
Taberneiro
Mercador, *de cavalos*
Cavaleiro
Ancião

[1] Não é especificado nenhum papa em especial. No "quarto" de 1616, porém, o papa é Adriano, Adriano VI, um dos pontífices que viveram no tempo do verdadeiro Fausto.

[2] O Cardeal da Lorena, não especificado na "História de Fausto", era ao tempo, ao que parece, notório pela sua atitude antiprotestante e fanática. Pertencia à família dos Guise, que se celebrizou pela matança de S. Bartolomeu.

[3] É indicado Carlos V, que governou de 1519 a 1556.

[4] É, na "História de Fausto" inglesa, bem como na alemã, o Duque ou Conde de Anhalt, estado situado na Saxônia prussiana.

[5] Aparece Valdes no inglês. Não se sabe ao certo quem tenha sido, mas há razões para supor que se trate dum protestante espanhol de então. A partir desta circunstância, e porque a métrica nos indica ser a palavra acentuada na última sílaba, adotamos a grafia Valdez na tradução.

[6] Tudo parece indicar que se trate de Cornelius Agrippa, filósofo protestante que gozou de fama de mágico.

[7] O criado e discípulo de Fausto, que já aparece na "História" alemã. Cristóvão Wagner era o seu nome completo.

[8] À falta de melhor, adotou-se esta tradução para "clown", personagem típico do drama isabelino cuja missão era divertir e fazer rir o público.

LETRADOS,[9] FRADES *e* CORTESÃOS
DUQUESA, *de Vanholt*
LÚCIFER
BELZEBU[10]
MEFISTÓFELES[11]
ANJO BOM
ANJO MAU
OS SETE PECADOS MORTAIS
DIABOS
Espíritos, nas formas de ALEXANDRE MAGNO, *a* AMANTE[12]
e HELENA[13]
CORO[14]

[9]Não conhecemos tradução portuguesa perfeitamente satisfatória para a palavra inglesa "scholar". Marlowe mesmo confunde a designação com a de "student" (cf. p. 105). Vertemo-la de duas maneiras: geralmente, por "letrado", mas uma vez, por "doutor" (p. 96).

[10]Lúcifer e Belzebu são, respectivamente, o arcanjo caído, chefe do Inferno, e um dos seus acólitos, que fora um deus pagão segundo o Antigo Testamento. O termo Lúcifer pode em português ser oxítono ou proparoxítono.

[11]Considerado a partir do século XVII um dos mais importantes súbditos e colaboradores de Lúcifer. Desconhece-se a origem do nome.

[12]Alexandre da Macedônia, que governou de 356 a 323 a.C., e Roxane, com quem se casou após a derrota dos persas.

[13]Mulher de Menelau, filha de Zeus e de Leda, raptada por Páris, filho do rei troiano Príamo. Há várias lendas medievais acerca do aparecimento do fantasma ou espírito de Helena.

[14]De origem clássica, apareceu na Inglaterra com o drama do Renascimento e continuou a existir no período isabelino, embora não surja em todas as peças. Aqui é dito por um único ator assim designado, e ora serve de narrador de fatos essenciais ao seguimento que não são postos em cena (1ª, em parte, 2ª e 3ª vezes) ora de comentador esclarecido, de "espectador ideal", como diz Schiller (1ª, também em parte, e 4ª vezes).

(*Entra o* CORO *pela primeira vez.*)

CORO

Nem marchando nos campos do Trasímeno,[1]
Onde Marte susteve os de Cartago,
Nem brincando de amor coʼos brincos vários,
Em cortes, onde o estado se subverte,
Nem em pompa de feitos audaciosos
Quer nossa musa erguer divinos versos.
Mostraremos, senhorʼs, isto somente:
Os destinos de Fausto, bons ou maus.
Indulgência e aplauso vos pedimos,
E da infância de Fausto falaremos.
Ora nasceu, de mui humildes pais,
Na cidade alemã chamada Rhodes.[2]
De mais idade, foi pra Wertenberg,[3]
Onde parentes seus[4] o educaram.
Progride em Teologia tão depressa.
— Cuidado o rincão fértil da escolástica —
Que de doutor o grau em breve aufere,
A todos superando, que primavam
Em discutir matérias teológicas.
Até que, de saber e orgulho inchado,

[1] Alusão à batalha do Trasímeno, em que os cartagineses, chefiados por Aníbal, venceram os romanos, sendo-lhes, portanto, Marte favorável. Em português, a palavra tem tradição de paroxítona, mas também de proparoxítona.

[2] Trata-se da cidade alemã de Roda, na Saxe-Altenburg, já mencionada como terra natal de Fausto na *História* alemã.

[3] Confusão com Wittenberg, cidade alemã célebre pela sua universidade.

[4] Segundo o romance de Fausto, tratava-se, na verdade, de um parente só, um tio.

Suas asas de cera[5] demais sobem,
Derretem-se, e os Céus tramam-lhe o mau fim.
Pois, artes praticando diabólicas,
Dos áureos frutos do saber repleto,
Se abarrota em danada nigromancia.
Nada tão caro lhe é, como a magia,
Que antepõe ao mór bem, a salvação!
Eis quem vereis sentado em seu escritório.
   (*Sai.*)

[5] Alusão às asas de cera de Ícaro que se derreteram ao aproximar-se este demasiado do Sol, fazendo-o cair e perecer.

Cena[†] I

(FAUSTO *aparece no seu gabinete.*)

FAUSTO

Fausto, ordena os estudos, e procura
Sondar o fundo do que vás seguir.
Pois começaste, dá-te por teólogo,
Porém visando o fim das artes todas.
Co'as obras de Aristót'les vive e morre.
Como me cativaste, oh, Analítica![6]
Bene disserere est finis logices.[7]
Será bem disputar o fim da lógica?
Não confere tal arte mór's milagres?
Então não leias mais. Chegaste ao cabo.
Maior tema requer de Fausto o engenho.
Economia,[8] adeus. Venha Galeno,[9]

[†] No "quarto" de 1604, que serve de base ao nosso texto, não se encontram as cenas demarcadas. Por isso as indicamos entre parênteses, ou seja, indicamos o que quer que não se encontre no texto de 1604. A divisão é bastante difícil, e daí vêm as divergências dos diferentes editores. O princípio seguido na presente edição foi o de demarcar nova cena a partir de todos os momentos em que o palco fique vazio, e só então.

[6] A Lógica Analítica de Aristóteles, uma das sete disciplinas do *curriculum* medieval.

[7] "A finalidade da lógica é bem argumentar."

[8] Segundo todas as probabilidades, trata-se não da palavra "economia" mas da frase grega de Aristóteles *ôn kai mê ôn*, que significa "ser ou não ser". Esta é a emenda de Bullen à grafia que aparece na edição de 1604, "Oncaymaeon".

[9] O célebre autor de escritos sobre medicina, famoso durante toda a Idade Média, que viveu na Ásia Menor no século II.

Pois, *ubi desinit philosophus, ibi incipit medicus.*[10]
Médico sejas, Fausto, ajunta ouro,
Torna-te eterno por 'spantosa cura.
Summum bonum medicae sanitas:[11]
À saúde do corpo visa a física[12]
Fausto, não conseguiste já tal fim?
Não se julgam teus ditos aforismos,
Tuas receitas, por padrões erguidas,
P'las quais à peste escaparam cidades,
Mil doenças fatais acharam cura?
Contudo, és inda Fausto, inda um homem...
Se pudesses a vida eterna dar,
Ou um morto fazer voltar à vida,
Digno seria então teu mister.
Física, adeus! Que é de Justiniano?[13]
 (*Lê.*)
Si una eademque res legatur duobus, alter rem, alter valorem rei etc.[14]
De mesquinhas heranças, lindo caso...
 (*Lê.*)
Exhaerditare filium non potest pater, nisi etc.[15]
Aqui tendes o objeto do *Instituto*,[16]
Ou do *Corpo de Leis* universal...
Só mercenários satisfaz tal 'studio,
Que apenas visam ext'rior's andainas;

[10] "O médico começa onde termina o filósofo."

[11] "A finalidade principal da medicina é a saúde".

[12] Na acepção medieval de medicina.

[13] O imperador do Império Romano do Oriente, por cujo mandato se organizaram os códigos de leis romanos. Viveu no século VI.

[14] "Se uma e a mesma coisa é legada a duas pessoas, uma ficará com a coisa e outra com o valor correspondente".

[15] "O pai não pode deserdar o filho, a não ser que..."

[16] Alusão às *Instituições* de Justiniano.

Pra mim, servil demais e constritivo.
Após tudo, o melhor é Teologia.
De Jerônimo[17] a Bíblia observa, Fausto.
   (*Lê.*)
Stipendium peccati mors est.[18] Ah! *Stipendium... etc.*
A morte é do pecado o prêmio!... É duro!
   (*Lê.*)
Si peccasse negamus, fallimur, et nulla est in nobis veritas.[19] Se
negamos ter pecado, a nós próprios nos enganamos e nenhuma
verdade existe em nós. Mas parece então que temos que pecar
e, consequentemente, morrer:
Ai... temos que morrer de eterna morte...
Como chamais a lei *Che sera, sera?*[20]
Será o que há de ser? Teologia,
Vai-te! Estas metafísicas de mágicos,
Livros de necromancia são divinos!...
Linhas, figuras, círc'los, caracteres,
São esses os que Fausto mais deseja!
Que mundo inteiro de prazer e lucro,
De grão poder, onipotência e honra,
'Stá prometido ao estudioso artífice!
Quanto se move entre os dois polos quedos
Terei ao meu dispor: reis, imp'radores,
Apenas são p'los mais obedecidos...
Não podem erguer ventos, rasgar nuvens...
P'lo seu domínio, que tudo isto excede,
Alcançando até onde a mente alcança,

---

[17] Trata-se da chamada *Vulgata*, a tradução latina da Bíblia feita por
S. Jerônimo nos fins do século IV, princípios do século V.

[18] "A paga do pecado é a morte".

[19] Segue-se a tradução no próprio texto.

[20] Segue-se a tradução no próprio texto. Trata-se de uma forma obsoleta
do provérbio italiano *Che sarà sarà*.

34

Um mágico sagaz é deus pod'roso!
Pra ser's divino, aguça, Fausto, o engenho!
Oh, Wagner!
   (*Entra* WAGNER.)
        Recomenda-me a Cornélio
E Valdez, meus amigos alemães.
Pede-lhes com empenho me visitem.

WAGNER

Vou já, senhor.
   (*Sai.*)

FAUSTO

Melhor pra mim será com el's falar,
Que os meus esforços todos, por mais duros...
   (*Entram o* ANJO BOM *e o* ANJO MAU.)

ANJO BOM

Oh, Fausto, põe de parte esse mau livro,
Não o remires, que te tenta a alma,
Te acumula na fronte a ira divina
Lê antes a Escritura: isso é blasfêmia!

ANJO MAU

Prossegue, Fausto, na famosa arte,
Que contém os tesouros da Natura.
Sê tu na terra o que Jove[21] é no céu,
Deus e senhor dos elementos todos.

---

[21]Os autores do Renascimento, como Marlowe, confundem as designações pagãs e cristãs da divindade; por outro lado, com o incremento das tendências puritanas, os censores ou "Masters of the Revels" substituíam às vezes a palavra "God" pela palavra "Jove", para que a primeira não sofresse a injúria de aparecer numa peça teatral.

(*Saem os anjos.*)

FAUSTO

Como este pensamento me assoberba!
Espíritos trarão quanto eu deseje?
Darão resposta a todas as minhas dúvidas?
Farão quanto eu mais louco empreender?
Direi que à Índia voem pelo ouro,
Que revolvam por perlas o oceano,
E rebusquem no Novo Mundo os cantos
Por doces frutos, rara especiaria.
Hão de me ler filosofia estranha,
Contar segredos de estrangeiros reis,
Toda a Alemanha hão de murar de bronze,
Farão que o Reno[22] cerque Wertenberg,
Hão de as escolas rechear de sedas,
Com que se hão de vestir os estudantes;
Fundos terei pra recrutar soldados
E da pátria expulsar de Parma[23] o príncipe,
De todas as províncias ser rei único;
Mais estranhos engenhos para a guerra,
Que a ígnea barca à ponte de Antuérpia,[24]
Meus espíritos dóceis criarão.
  (*Entram* VALDEZ *e* CORNÉLIO.)
Valdez, Cornélio de Alemanha, entrai.

[22] Por Wittenberg (ver nota 3, p. 29) passa o Elba, e não o Reno. Daí o extraordinário e espantoso da tensão de Fausto.

[23] O governador espanhol dos Países Baixos desde o ano de 1579. Deixou esses territórios, que fizeram parte do império alemão até 1648, em 1590 e veio a morrer em 1592.

[24] No cerco de Antuérpia de 1584–1585, tendo o príncipe de Parma construído uma ponte que os sitiados precisavam destruir, usaram estes do estratagema de um barco cheio de pólvora e em fogo que lançaram corrente abaixo e que realmente produziu o efeito desejado.

36

Favorecei-me com conselhos sábios.
Olhai, meu bom Valdez, e vós, Cornélio,
Que enfim me convenceram vossos rogos
A praticar magia e artes ocultas.
Vossos rogos — e a minha fantasia,
Que nenhum outro fito acata já.
Só me rumina a mente em nigromancia,
Pra mim, Filosofia é escura, odiosa,
Direito e Medicina são mesquinhos,
De todas a mais baixa é Teologia,
Desagradável, rude, ignara e vil.
Só a magia, a magia me encanta!
Amigos, ajudai-me em meu intento,
E eu, que com concisos silogismos
Confundi os pastor's da nova igreja,
E fiz de Wertenberg os mais sagazes
Enxamearem, rodeando os meus problemas,
Quais os demônios a Museu[25] gentil
Quando ao inferno desceu, serei tão sábio,
Como Agripa,[26] que toda a Europa honra.

VALDEZ

Estes livros, teu tino e nossa prática,
A que nos canonizem levarão.
Como a espanhóis, indianos mouros servem,
Assim dos elementos os espíritos
A nós três serão sempre obedientes:
A bel-prazer, leões pra nos guardar,

[25] Museu é citado por Virgílio no livro VI da *Eneida*. Parece ter sido um poeta grego do século VI e, após a morte, é claro, um dos espíritos ou "sombras" dos Campos Elíseos, parte do Inferno, segundo a mitologia clássica.

[26] Ver nota 6, p. 27.

Cavaleiros germanos lança em riste,
Lapões[27] gigantes junto a nós trotando;
Outras vezes, quais damas ou donzelas,
Em seus cílios mostrando mais beleza
Que da deusa do amor os alvos seios...
De Veneza trarão as ricas naus,
E da América o raro velo de ouro,[28]
Que os cofres a Filipe enche anualmente,
Queira ser resoluto o douto Fausto.

FAUSTO

Estou nisto, Valdez, tão resoluto,
Como tu a viver's. Não mais objetes.

CORNÉLIO

Os milagres obrados p'la magia
Far-te-ão abandonar todo outro estudo.
Na Astrologia, quem estiver treinado,
Línguas perceba, minerais conheça,
As bases pra magia todas têm.
Oh, não duvides, Fausto! Mais citado
E buscado serás por tais mistérios
Que o orác'lo de Delfos[29] noutros tempos.
O mar poder secar, dizem-mo espíritos,
E trazer dos naufrágios os tesouros,

[27] Confusão de Marlowe, pois os lapões são de pequena estatura. A Lapônia, porém, era frequentemente citada como pátria de seres monstruosos e dotados de poderes sobrenaturais.

[28] Alusão ao ouro da América, trazido para a Espanha de Filipe, segundo Marlowe, em grandes *argosies*. Apesar de o Dicionário de Oxford completamente desligar a palavra "argosy" da lenda dos argonautas, indicando para sua etimologia Ragusa, não sabemos se Marlowe, visto citar imediatamente a seguir o velo de ouro, teria em mente qualquer jogo verbal.

[29] O mais famoso oráculo da Antiguidade foi o de Apolo, em Delfos.

38

E mais, toda a riqueza que, escondida,
Na terra os avós nossos sepultaram.
Que quereremos mais, diz-me então, Fausto?

FAUSTO

Cornélio, nada! A alma isto me encanta!
Oh, dai-me algumas provas de magia,
Que eu possa conjurar num bosque espesso,
E plena posse tenha de tais bens.

VALDEZ

Busca depressa então um ermo bosque,
De Bacon[30] e Albano[31] leva as obras,
E o Salmo Hebreu, e o Novo Testamento,[32]
Que do mais necessário te diremos
Inda antes da conversa terminada.

CORNÉLIO

Ensina-lhe primeiro os termos mágicos,
E os outros ritos todos, pra que Fausto
Possa sozinho exp'rimentar seu jeito.

VALDEZ

Primeiro, os rudimentos te darei;
Mais perfeito do que eu depois serás.

---

[30] O filósofo do século XIII, Roger Bacon, que gozou de fama de mágico.

[31] Poderá ter sido, como explicou Düntzer, Pietro d'Albano, médico e alquimista italiano do século XIII, ou então será um erro, e estará Alberto, Alberto Magno, frade dominicano alemão também do século XIII, que gozou de fama de mágico.

[32] Partes de um e de outro serviam comumente de fórmulas para conjurar.

FAUSTO

Jantai comigo então, para depois
Todos os requisitos discutirmos.
Quero-me exp'rimentar inda esta noite,
E conjurar, nem que por isso morra!
    (*Saem.*)

Cena II

(Rua em frente a casa de Fausto. Entram dois letrados.)

PRIMEIRO LETRADO

Não sei o que será feito de Fausto, que costumava fazer vibrar as nossas escolas com seu "sic probo"...[33]

SEGUNDO LETRADO

Já vamos saber, porque... Olha, ali vem o moço dele.
(*Entra* WAGNER.)

PRIMEIRO LETRADO

Olá, homem! Onde está teu patrão?

WAGNER

Sabe-o Deus.

SEGUNDO LETRADO

O quê? Tu não sabes?

WAGNER

Sei, mas isso não tira...

SEGUNDO LETRADO

Vá lá, homem... Deixa-te de graças e diz-nos onde é que ele está!

WAGNER

Isso é que não segue necessariamente por força de argumento, para que sobre ele vós, como licenciados, vos estejais a basear... Portanto, reconhecei o vosso erro e estai com atenção...

[33] "Assim provo". Expressão usada nas polêmicas medievais.

SEGUNDO LETRADO

O quê? Mas tu não disseste que sabias?

WAGNER

Tem alguma prova disso?

PRIMEIRO LETRADO

Pois claro. Ouvi-te eu!

WAGNER

Pergunte ao meu sócio se eu sou ladrão...[34]

SEGUNDO LETRADO

Bom! Não queres dizer, pois não?

WAGNER

Digo, sim senhor... Mas se vós não fosseis tolos nunca me faríeis tal pergunta! Pois não é ele um *corpus naturale*?[35] E um *corpus naturale* não é um *mobile*? Para que me fazeis então tal pergunta? Se eu não fosse, porém, de natureza fleumática, difícil de fazer zangar e dado à luxúria (ao amor, queria eu dizer), não seríeis vós que vos chegaríeis a menos de quarenta passos do lugar da execução,[36] embora eu não duvide de vos ver ambos enforcados nas próximas sessões. E assim, tendo triunfado de vós, arranjarei a compostura dum puritano e começarei a falar deste modo: Na verdade, meus queridos irmãos, o meu patrão está lá dentro a jantar com Valdez e

[34] O sócio, o cúmplice, não o revelará, é claro.
[35] Corpo natural; a seguir "mobile", móvel. Um corpo natural é um móvel, é claro.
[36] Provavelmente, a sala de jantar onde Fausto estava comendo com os amigos. E a seguir Wagner joga com as palavras para dirigir a piada aos dois letrados de que não duvida de vê-los enforcados nas próximas sessões, isto é, condenados pela próxima assembleia jurídica à pena de morte.

Cornélio, como este vinho, se fosse capaz de falar, poderia informar vossas senhorias. E então, que Deus vos abençoe, vos defenda e vos guarde, meus queridos irmãos, meus queridos irmãos...

(*Sai.*)

PRIMEIRO LETRADO

Hum... Receio muito que Fausto sempre tenha caído naquelas artes danadas pelas quais os outros dois tão tristemente são conhecidos em toda parte...

SEGUNDO LETRADO

Nem que me fosse estranho, sem nenhuma espécie de relações comigo, mesmo assim o lamentaria. Mas anda, vamos informar o reitor a ver se o conseguirá regenerar com o seu grave conselho.

PRIMEIRO LETRADO

Oh! Receio muito que já nada o venha a regenerar...

SEGUNDO LETRADO

Contudo, tentemos o que pudermos.

(*Saem.*)

Cena III

(Num bosque. Entra FAUSTO *para conjurar.)*

FAUSTO

Agora que da terra sombra triste
Anseia ver de Orion[37] a tez brumosa,
E do antártico mundo sobe ao céu,
Co'o negro bafo embaciando o empíreo,
Começa, Fausto, os teus encantamentos,
E vê se os diabos vêm ao teu apelo,
Que oblações lhes fizeste e lhes oraste.
De Jeová está neste círc'lo o nome,
Pra diante e para trás com anagramas,
E abreviados 'stão nomes de santos,
Figuras dos adjuntos do céu todos,
E os caracteres dos signos e planetas
P'los quais forçosamente os gênios surgem.
Fausto, não temas pois, sê resoluto,
Do que a magia alcança, tenta o máximo!
Sint mihi Dei Acherontis propitii! Valeat numen triplex Jeovae!
Ignei, aerii, aquatani spiritus, salvete! Orientis princeps Belze-
bub, inferni ardentis monarcha, et Demogorgon, propitiamus
vos, ut appareat et surgat Mephistophilis. Quid tu moraris? per
Jehovam, Gehennam, et consecratam aquam quam nunc spargo,
signumque crucis quod nunc facio, et per vota nostra, ipse nunc
surgat nobis dicatus Mephistophilis![38]

---

[37] Constelação visível especialmente no inverno.

[38] "Que me sejam propícios os deuses do Aqueronte! Que me assista
com todo o seu poder a divindade tríplice de Jeová! Salve, espíritos do
fogo, do ar e da água! Belzebu, príncipe do Oriente, monarca do Inferno
ardente, e Demogórgon, pedimos a vossa intercepção para que apareça e

44

(*Entra* MEFISTÓFELES.)
Ordeno-te que vás mudar de forma,
Que horrendo estás demais pra me servir.
Volta tal qual um velho franciscano:
Convém piedoso aspecto a um diabo...
(*Sai* MEFISTÓFELES.)
Há, pois, virtude, em meus celestes termos!...
Quem perito nesta arte não seria?
Que dócil se apresenta Mefistófeles,
De obediência e de humildade cheio!...
Tal a força de encantos e magia!
Laureado conjurante és, Fausto, agora,
Que podes Mefistóf'les dirigir:
Quin regis Mephistophilis fratris imagine.[39]
(*Reentra* MEFISTÓFELES, *de frade franciscano.*)

MEFISTÓFELES

Então que me querias, Fausto? Diz.

FAUSTO

Desejo que me sirvas toda a vida,
E tudo cumpras, quanto Fausto ordene,
Seja a lua soltar de sua esfera,
Ou inundar pelo oceano o mundo.

---

surja Mefistófeles. Por que te demoras? Por Jeová, Geena e a água benta que agora esparjo, e pelo sinal da cruz que agora faço, e pelos nossos votos, que agora nos surja esse sagrado Mefistófeles!" Demogórgon era um gênio da Terra, adorado na Arcádia, criador do Sol e do firmamento; potentíssimo, a sua figura era a de um velho coberto de musgo. *Gehennam* é a designação judaica do Inferno (no acusativo).

[39] "Pois exerces na verdade poder sobre a imagem do teu irmão Mefistófeles".

MEFISTÓFELES

Sou um servo do grande Lúcifer,
Não te posso seguir sem que el' permita,
Nem devemos fazer mais do que ordene.

FAUSTO

Mas não foi ele quem te mandou vir cá?

MEFISTÓFELES

Não. Por minha vontade vim apenas.

FAUSTO

Não foram, diz, minhas palavras mágicas?

MEFISTÓFELES

Foram-no, sim, *per accidens*,[40] contudo.
Se alguém de Deus vexar o nome ouvimos,
Abjurar a Escritura e o Salvador,
Na esp'rança da alma obter logo acorremos.
Nem vamos vir, sem que tais meios use,
P'los quais se arrisque a condenado ser.
Assim, pra conjurar, de entre os processos,
Renegar a Trindade é o mais fácil,
E orar com devoção do Inferno ao príncipe.

FAUSTO

Já Fausto o fez.
E o princípio mantém, de que outro chefe
Não reconhece, além de Belzebu,
Ao qual inteiramente se dedica.
"Condenação", não o assusta o termo,

---

[40] Casualmente.

46

Pois que Inferno e Elísio[41] iguais lhe são,
Se ficar co'os filósofos antigos...
Não mais tretas, porém, de almas humanas,
Lúcifer, teu senhor, diz-me: o que é?

MEFISTÓFELES

Arquirregente e chefe dos espíritos.

FAUSTO

Não foi já dantes Lúcifer um anjo?

MEFISTÓFELES

Foi, Fausto, sim, de Deus um bem amado.

FAUSTO

Como então se tornou dos diabos príncipe?

MEFISTÓFELES

Por cobiçoso orgulho e insolência,
P'los quais do Céu foi expulso por Deus.

FAUSTO

Quem são os que com Lúcifer habitam?

MEFISTÓFELES

Míseros ser's, com Lúcifer caídos,
Que contra Deus com Lúcifer tramaram,
Sem remissão com Lúcifer julgados.

FAUSTO

E julgados pra onde?

[41] Ver nota 25, p. 36.

MEFISTÓFELES
Pra o Inferno

FAUSTO
Como é que então de lá te encontras fora?

MEFISTÓFELES
Isto é o Inferno, e fora dele não estou!
Pois pensas que eu, que vi de Deus a face,
E os eternos prazer's do Céu provei,
Não me atormento com dez mil infernos,
Por 'star privado do perene bem?
Oh, deixa, Fausto, essas perguntas frívolas,
Que terror causam à minha alma ansiosa…

FAUSTO
Quê? Tão sentido o grande Mefistófeles,
Por dos prazer's do Céu privado estar?
Máscula fortaleza aprende em Fausto,
Desdenha os bens que nunca possuirás!
Ao grande Lúcifer leva estas novas:
Já que Fausto incorreu na eterna morte,
Por ímpios pensamentos contra Jove,
Diz que lhe entrega a alma submetida,
Desde que tenha vinte e quatro anos
Pra na maior volúpia inda passar;
Tendo-te sempre para me servires,
Tudo me dares quanto te pedir,
A quanto perguntar me responderes;
Guarda de amigos, de inimigos morte,
Obediente sempre aos meus desejos.
Vai ter co'o poderoso Lúcifer,

48

Volta ao meu gabinete à meia-noite,
E diz-me então que resolveu teu amo.

MEFISTÓFELES

Sim, Fausto.
  (*Sai.*)

FAUSTO

Tivesse eu tantas almas, como há estrelas,
Todas por Mefistóf'les as daria.
Por ele serei Imperador do mundo,
Uma ponte farei nos ares moventes
Pra o oceano passar co'um bando de homens,
De África aos montes litorais ligada,
Que à Espanha assim contígua ficará,
Tornadas ambas minhas tributárias.
Só por minha licença viverão
Quer o Imp'rador, quer da Alemanha os grandes.
E agora, que alcancei o que desejo,
Irei especulando nesta arte
Até que Mefistófeles regresse.
  (*Sai.*)

Cena IV

(*Rua em frente da casa de* FAUSTO. *Entram* WAGNER *e o* BOBO.)

WAGNER

Anda cá, oh, rapazinho!

BOBO

O quê? Rapazinho? Chagas de Deus, rapazinho?! Já viu algum rapazinho com uma pera destas?... Rapazinho... pff!...

WAGNER

Ora, diz-me cá: com que contas tu a entrar?

BOBO

A entrar e sair,[42] como está a ver...

WAGNER

Oh, infeliz! Vejam como a pobreza se compraz na sua nudez! O desgraçado está quase nu e sem emprego, e tão esfomeado que eu juraria que dava a alma ao demo por uma perna de carneiro crua, mesmo a sangrar...

BOBO

O quê? A minha alma ao demo por uma perna de carneiro crua a sangrar? Nem tanto assim, meu amigo! Por Nossa Senhora, havia de estar bem assadinha e com um rico molho para a pagar tão caro!...

---

[42] Wagner pergunta ao Bobo pelos rendimentos ou proventos que este receba. Ora, como este está esfarrapado, com a camisa, por exemplo, a sair pelos buracos das calças ou calções, responde-lhe que tem coisas "a entrar e a sair", o que torna patente e compreensível ao público aquela indumentária.

WAGNER

Bem, queres tu entrar para o nosso serviço? Trazer-te-ei como *qui mihi discipulus.*[43]

BOBO

O quê, em verso?[44]

WAGNER

Não, homem. Com seda batida[45] e tintura de cevadilha [*stave-sacre*[46]]...

BOBO

Oh, oh! Campo do Escravo [*Knave's Acre*]! Julgava que eram todas as terras que o seu pai lhe deixara. Estás a ouvir? Muito me custaria privá-lo dos seus meios...

WAGNER

Homem, eu disse tintura de cevadilha!

BOBO

Oh, oh! Tintura de cevadilha! Parece então que, se fosse seu criado, havia de andar cheio de bicharada...

---

[43] "Quem for meu discípulo". Trata-se das primeiras palavras de uma canção escolar latina do século XVI, de William Lily, que foi autor de obras escolares e pedagógicas.

[44] O latim para o Bobo é verso!...

[45] Seda pura, pesada. Talvez que, como sugere A.H. Sleight, Wagner vá chegando ao Bobo ao compasso das palavras que vai dizendo; e assim se justificaria a seda "batida"...

[46] Há um jogo de palavras entre esta, que se pode traduzir por tintura de cevadilha, tendo em vista o fim a que se destinava, e Knave's Acre, beco de má fama da Londres de então (verso seguinte). Para uma representação portuguesa seria aconselhável excluir este passo.

WAGNER

E hás de andar, quer sejas meu criado, quer não. Bem, homem, deixa-te de brincadeiras e trata de te contratares comigo por sete anos, ou pego e transformo-te os piolhos todos em demônios familiares que te fazem em bocados...

BOBO

Ah, sim? Pois poupe-se esse trabalho, que familiares já eles me são e até demais... Chagas de Deus, atrevem-se de tal maneira com a minha carne, como se tivessem pago o comer e o beber!...

WAGNER

Bom. Estás a ouvir, rapazinho? Toma, pega lá estes "guilders".[47]
  (*Dá-lhe dinheiro.*)

BOBO

Quê, grelhas? Que é isso?

WAGNER

O que é? São coroas francesas![48]

BOBO

Ora missas! Mas lá por coroas francesas a gente tanto fazia ter outras tantas moedas inglesas. E eu, que tenho que fazer por mor delas?

---

[47] Moedas holandesas. O Bobo não compreende a designação e pergunta se são "grelhas"!...
[48] Uma coroa francesa era então moeda de valor. Não eram, portanto, para desprezar...

WAGNER

Ora, ora… Vais, com uma hora de prevenção, para onde o Diabo te quiser levar e as vezes que quiser…

BOBO

Não, não… Pegue lá as *grelhas* outra vez…

WAGNER

Mas eu é que as não quero!

BOBO

Mas tem mesmo que as querer!

WAGNER

Sois testemunhas de que lhas dei.

BOBO

Sois testemunhas de que lhas torno a dar.

WAGNER

Bom, vou mandar imediatamente que dois diabos te levem embora… Baliol! Belcher!

BOBO

Eles que venham, o teu Baliol e o teu Belcher, que lhes prego a maior sova que apanharam desde que são diabos!… E se matasse um deles, que diríeis, oh, gentes? "Vês ali aquele valentaço dos calções grandes? Pois matou o diabo!" E em toda a freguesia me haviam de chamar o "Mata-Diabos"!

(*Entram dois diabos. O* BOBO *corre para trás e para diante aos gritos.*)

WAGNER

Baliol e Belcher! Espíritos, embora!

(*Saem os diabos.*)

BOBO

O quê? Foram-se? Malditos sejam... Que terrível compri-
mentos de unhas que tinham! Eram um diabo e uma diaba!
Vou vos dizer como é que se conhecem: os diabos, todos têm
chifres, e as diabas têm todas cascos e os pés rachados.

WAGNER

Bem, homem, segue-me.

BOBO

Mas ouça lá, se eu o for servir, é capaz de me ensinar a fazer
aparecer destes Bânios e Bélcheos?[49]

WAGNER

Até te ensinarei a transformares-te no que quer que seja: em
cão, em gato, em rato ou em coisa que tal.

BOBO

O quê? Um bom cristão num cão ou num gato, num rato ou
numa ratazana? Não, não, senhor! A transformar-me n'alguma
coisa, que fosse numa linda pulguinha saltadeira, para poder
estar ora aqui, ora acolá, e por toda a parte. Oh, que me haveria
de consolar de fazer cócegas no regaço das cachopas bonitas,
e de andar por entre elas!... Olarilas!...

WAGNER

Bem, anda-me daí, homem!

BOBO

Mas sim ou não, Wagner?

[49] O Bobo estropia os nomes.

WAGNER

Quê?... Beliol! Belcher!

BOBO

Oh, meu Deus! Peço-te que o Bânio e o Bélcheo, mande-os mais é dormir...

WAGNER

Patife! Chama-me mas é o senhor Wagner,[50] e toca a pores o olho esquerdo diametralmente fixado no meu calcanhar direito, com *quasi vestigias nostras insistere*.[51]

(*Sai.*)

BOBO

Deus me perdoe!... Ele está mas é arengar alemão...[52] Bom, vou com eles... Tenho que o servir, não há que ver...

---

[50]O Bobo, na sua penúltima fala, toma a liberdade de chamar o discípulo de Fausto simplesmente por Wagner.

[51]Latim macarrônico como que para significar "como que seguindo as nossa pegadas". A forma latina correta seria *quasi vestigiis nostris insistere*.

[52]*Dutch* significava então qualquer dialeto germânico semelhante ao alemão, ou alemão em geral. (Ver Dicionário de Oxford).

Cena v

(FAUSTO *aparece no seu gabinete.*)

FAUSTO

Fausto, hás de agora
Ser condenado, e salvo ser não podes.
No Céu e em Deus, pra que pensar então?
Fora com tais loucuras, desespera,
Desespera de Deus, crê no diabo,
Sê resoluto, Fausto, não recues.
Por que vacilas? Diz-me algo ao ouvido:
"Deixa a magia, volta para Deus!"
Ai, para Deus bem quer Fausto voltar...
Pra Deus — Ele não te ama...
É teu próprio apetite o deus que serves,
E del' te vem o amor por Belzebu...
Um altar e uma igreja lhe hei de erguer,
Doar-lhe o sangue de recém-nascidos!
(*Entram o* ANJO BOM *e o* ANJO MAU.)

ANJO BOM

Deixa, bom Fausto, essa execrável arte!

FAUSTO

Remorso, reza, contrição, que é deles?

ANJO BOM

Oh! São os meios de te erguer ao Céu!

ANJO MAU

Ilusões antes, filhas da loucura,
Que tornam louco quem nelas mais crê.

ANJO BOM

Pensa no Céu, bom Fausto, e no celeste!

ANJO MAU

Não, Fausto, pensa em honras e riquezas!
(*Saem os anjos.*)

FAUSTO

Em riquezas!...
Minha será a senhoria de Emden!...[53]
Se Mefistófeles junto a mim estiver,
Que Deus[54] me ferirá? Estás, Fausto, a salvo!
Não mais duvides!... Mefistóf'les, vem!
Do grande Lúcifer traz boas novas.
Não é já meia-noite? Mefistófeles!
Veni, veni, Mephistophile![55]
     (*Entra* MEFISTÓFELES.)
Teu amo, Lúcifer, diz, que decide?

MEFISTÓFELES

Que Fausto servirei por toda a vida,
Des' que o serviço pague com a alma.

FAUSTO

Por mor de ti, já Fausto isso arriscou.

---

[53]Cidade prussiana muito próspera então.

[54]A maiúscula bem nos parece que maior ênfase vai dar à blasfêmia proferida. Deus é gramaticamente qualquer deus, mas deste modo implica-se pelo pensamento um só: o que diretamente se opõe a Mefistófeles, o Deus cristão.

[55]"Vem, vem, Mefistófeles!"

MEFISTÓFELES

Tens, Fausto, que atestar solenemente,
Com teu sangue escrever a doação,
Que exige Lúcifer tal segurança.
E, se o recusas, volto pra o Inferno.

FAUSTO

Mefisto, espera! E diz: que lhe aproveita
A minha alma?

MEFISTÓFELES
O reino lhe dilata.

FAUSTO

E é a razão de tanto nos tentar?

MEFISTÓFELES
Solamen miseris socios habuisse doloris.[56]

FAUSTO

Mas tu, que outros torturas, tens tu dores?

MEFISTÓFELES

Tão grandes como as das humanas almas…
Mas diz-me, Fausto: dar-me-ás a tua?
Se sim, serei escravo a teu serviço,
Dar-te-ei mais do que pedir vislumbres.

FAUSTO

Sim, Mefistóf'les, dou-te a minha alma.

[56] "O consolo dos desgraçados é ter companheiros no infortúnio".

MEFISTÓFELES

Fere então, Fausto, o braço com coragem,
E vincula que a alma, em certo dia,
Possa o grão Lúcifer reclamar a sua,
E então serás tão grande como ele.

FAUSTO

(*Ferindo o braço com um punhal.*)
Oh! Mefistófeles! Por amor de ti,
Meu braço corto e com meu próprio sangue
Prometo a alma ao grande Lúcifer,
Primo chefe e senhor da eterna noite!
Vê gotejar o sangue do meu braço:
Que ele seja a meus desejos favorável!

MEFISTÓFELES

Mas tens que, Fausto,
Com que uma escritura redigir.

FAUSTO

Sim, fá-lo-ei.
(*Escreve.*)
Meu sangue, Mefistófeles
Não posso escrever mais. Se me congela...

MEFISTÓFELES

Vou buscar fogo que o dissolva já.
(*Sai.*)

FAUSTO

Que me agoira do sangue o coalhar?
Não deseja escrever o documento?
Por que não corre, para que eu prossiga?
"A alma te dá Fausto…" Aqui parou…
E por que não? A alma não é tua?
Torna a escrever: "A alma te dá Fausto…"
  (*Reentra* MEFISTÓFELES *com um braseiro.*)

MEFISTÓFELES

Aqui está o fogo. Vamos, chega-o bem…

FAUSTO

Começa o sangue a estar mais liquefeito,
Terminarei agora sem tardança.
  (*Escreve.*)

MEFISTÓFELES

  (*À parte.*)
Que não farei para lhe obter a alma?…

FAUSTO

"Consumatum est".[57] Pronto, o documento!
Fausto legou a alma a Lúcifer.
Mas que inscrição é esta no meu braço?
Homo, fuge![58] Fugir? Mas para onde?
Se para Deus, El' lança-me no Inferno.
Sensório engano! Aqui nada está escrito…
Mas bem o vejo! Aqui está *Homo fuge*
Escrito. Porém Fausto há de ficar!

[57] "Está consumado".
[58] "Foge, homem!"

MEFISTÓFELES

(*À parte.*)
Vou buscar qualquer coisa que o distraia.
(*Sai. Reentra Mefistófeles com mais diabos, que a Fausto dão coroas e ricas vestimentas, dançam e retiram-se.*)

FAUSTO

Que significa isto, Mefistófeles?

MEFISTÓFELES

Nada, Fausto... Pra mente te alegrar,
E te mostrar quanto a magia alcança.

FAUSTO

E, se eu quiser, posso invocar espíritos?

MEFISTÓFELES

Sim, podes, Fausto, e coisas bem maiores.

FAUSTO

Eis quanto basta para de almas mil.
Recebe o pergaminho, Mefistófeles,
A doação legal do corpo e alma,
Na condição, contudo, que executes
Entre nós os artigos pactuados.

MEFISTÓFELES

P'lo Inferno e Lúcifer te juro, Fausto,
Que todas as promessas cumprirei!

FAUSTO

Ouve-mos ler então: "Nos termos seguintes: primeiro, que Fausto haja de ser um espírito em forma e substância; segundo, que Mefistófeles o sirva e esteja às suas ordens; terceiro, que faça e lhe traga tudo quanto deseje; quarto, que se conserve em seus aposentos ou em sua casa, mas invisível; último, que apareça ao dito João Fausto todas as vezes e sob todas as formas e aspectos que este deseje. Eu, João Fausto, de Wertenberg, doutor, dou pelo presente tanto o corpo como a alma a Lúcifer, príncipe do Oriente, e a seu ministro Mefistófeles; e mais lhes concedo, expirado o prazo de 24 anos, e mantidos os artigos acima indicados sem violação, plenos poderes para virem buscar e levar o dito João Fausto, corpo e alma, carne, sangue e bens, para a sua habitação, onde quer que ela seja. Eu, *João Fausto*".

MEFISTÓFELES

Entregas isto, Fausto, por 'scritura?

FAUSTO

Sim, pega-a lá. Que o Diabo te premie.

MEFISTÓFELES

Então pergunta, Fausto, o que quiseres.

FAUSTO

Primeiro inquirirei sobre o Inferno.
Onde fica o lugar assim chamado?

MEFISTÓFELES

Por sob os Céus.

FAUSTO

Pois sim. Mas mais ao certo?

MEFISTÓFELES

'Stá destes elementos nas entranhas,
Em que penamos e ficamos sempre.
O Inferno é sem limites. Circunscrito
Não está a um lugar, pois, onde estamos,
Inferno é, e sempre aí estaremos:
Pra concluir, ao dissolver-se o mundo,
Purificada toda a criação,
Lugar's, que o Céu não sejam, são Inferno.

FAUSTO

Ora!... Uma lenda creio o Inferno ser...

MEFISTÓFELES

Pois crê, 'té que te mude a experiência.

FAUSTO

Quê? Julgas que hei de ser sentenciado?

MEFISTÓFELES

Pois decerto! Aqui está o documento
Pelo qual deste a alma a Lúcifer.

FAUSTO

O corpo e a alma dei. Mas que tem isso?
Pois julgas-me tão tolo que imagine
Que passada esta vida inda haja dor?
Contos da carochinha!... Tretas!... Pff...

MEFISTÓFELES

Mas, Fausto, eu sou a prova do contrário:
Fui condenado, e estou ora no Inferno.

FAUSTO

O quê? No Inferno agora? Pois se o Inferno
É isto, quero aqui ser condenado.
Quê? Passeando, discutindo etc.?...
Mas outro assunto: quero me casar!
Quero a mais bela moça da Alemanha,
Pois que lascivo sou e libertino...
Eu sem mulher é que não sei viver...

MEFISTÓFELES

O quê? Casares-te...
Não cuides de casar, te peço, Fausto.

FAUSTO

Não, Mefistófeles, quero que me arranjes esposa, quero uma!

MEFISTÓFELES

Bom, vais tê-la. Deixa-te estar aqui sentado até que eu volte.
Vou te buscar uma, em nome do diabo!
   (*Sai. Labaredas. Reentra* MEFISTÓFELES *acompanhado por um diabo vestido de mulher.*)

MEFISTÓFELES

Diz-me, Fausto, que tal achas a tua mulher?

FAUSTO

Que a peste suma essa grande p...!

MEFISTÓFELES

Vá, Fausto... O casamento
Não é senão convencional brinquedo.
Se de mim gostas, não mais penses nisso.
Escolherei as cortesãs mais belas,

Trar-tas-ei sempre à cama de manhã:
A que à vista te agrade, há de ser tua,
Seja tão casta como foi Penélope,[59]
Como Sabá[60] tão sábia, ou tão bela
Como era Lúcifer antes da queda.
Pega este livro e examina-o todo:
  (*Dá-lhe um livro.*)
Repetir estas linhas produz ouro;
O traçar deste círc'lo no terreno
Traz ventos, tempestades, trovões, raios;
Se devoto disser's pra ti três vezes
Isto aqui, surgirão homens armados,
Prontos a executar quanto desejes.

FAUSTO

Obrigado, Mefistófeles. Contudo, do que eu gostaria imenso era de ter um livro em que pudesse ver todos os feitiços e encantamentos, para poder conjurar espíritos sempre que quisesse.

MEFISTÓFELES

Aqui estão eles, neste livro.
  (*Aponta para eles.*)

FAUSTO

Agora do que eu gostaria era de ter um livro em que estivessem todos os signos e planetas dos céus, para conhecer seus movimentos e disposições.

---

[59] Penélope é descrita na *Odisseia* como um modelo de fidelidade para com o marido, Ulisses, durante a sua ausência de vinte anos.
[60] Rainha da Arábia notável pelo saber e pela ânsia de saber que revelou nas relações com Salomão.

MEFISTÓFELES

Aqui estão, também.
(*Aponta para eles.*)

FAUSTO

Olha, só queria mais um livro… e então, pronto… em que estivessem todas as plantas, ervas e árvores que crescem na terra.

MEFISTÓFELES

Aqui estão elas.

FAUSTO

Oh, estás enganado.

MEFISTÓFELES

Quê? Garanto-te!
(*Aponta para elas.*)

FAUSTO

Quando remiro os céus, bem me arrependo…
Maldigo-te, perverso Mefistófeles,
Por me ter's inibido dessas glórias.[61]

MEFISTÓFELES

Quê, Fausto?
Pois julgas ser o Céu coisa tão bela?
Nem tem metade da beleza tua,
Ou da de qualquer homem cá na terra.

---

[61] Entre a fala anterior e esta deve ter decorrido um lapso de tempo considerável.

FAUSTO
Como o provas?

MEFISTÓFELES
Pra o homem feito, este é, pois, mais excelso.

FAUSTO
Se pra o homem foi feito, pra mim foi:
Vou deixar a magia, arrepender-me...
(*Entram o* ANJO BOM *e o* ANJO MAU.)

ANJO BOM
Fausto, arrepende-te, e perdão terás.

ANJO MAU
Não te perdoa Deus, que és um espírito.

FAUSTO
Quem me diz ao ouvido que sou espírito?
Podia Deus salvar-me, fosse um diabo...
Deus me perdoará se me arrependo.

ANJO MAU
Porém, nunca há de Fausto arrepender-se.
(*Saem os anjos.*)

FAUSTO
Não posso arrepender-me! Estou de pedra!
Nomear mal posso o Céu, fé, salvação...
Trovejam-me aos ouvidos sons medonhos:
"Fausto, perdido estás!" Espadas, facas,
Cordas, pistolas, lâminas, venenos,
Para me liquidar aqui são postos,

E há muito que me havia de ter morto,
Não vencesse o prazer a funda angústia,
Não fiz cantar pra mim o cego Homero
Do amor de Alexandre[62] e morte de Enone?[63]
E aquel' que ergueu de Tebas as muralhas[64]
Com sons maviosos, harpa feiticeira,
Não tocou para mim com Mefistófeles?
Por que morrer então, desesperar?
'Stou resolvido: arrepender-me, nunca!
Vem, Mefistóf'les, vamos discutir,
De novo argumentar de Astrologia,
Diz cá: Há muitos céus por sobre a lua?
São os corpos celestes um só globo
Como a substância da terrena esfera?

MEFISTÓFELES

As esferas[65] inserem-se nos orbes
Uma das outras, como os elementos.
E, Fausto,
Todas juntas se movem num só eixo,
Do qual chamam ao fim polo do mundo;
Os nomes de Saturno, Marte e Júpiter
Não são ficções: são nomes de planetas.

---

[62] Assim se chamava também Páris, o raptor de Helena. (ver nota 13, p. 28)

[63] Páris abandonara a ninfa Enone, a quem prometera amor. Esta, mais tarde, não lhe quis tratar da ferida recebida no cerco de Troia, pelo que Páris morreu. Os remorsos vitimaram também a ninfa.

[64] Foi Ânfion, e conseguiu esse feito pelo poder dos sons que da lira arrancava.

[65] Segundo Ptolomeu, a Terra estava rodeada de nove esferas.

68

FAUSTO

Mas diz-me: têm todos um só movimento, tanto *situ et tempore*?[66]

MEFISTÓFELES

Deslocam-se todos juntos de este para oeste em 24 horas, girando sobre os polos do mundo; mas sobre os polos do zodíaco os seus movimentos são diversos.

FAUSTO

Pff!...
Bagatelas que tais diria Wagner...
Mefistóf'les não tem maior ciência?
É óbvio o duplo giro dos planetas.
Dura o primeiro um dia natural,
o segundo, o seguinte: para Saturno, trinta anos; para Júpiter, doze; Marte, quatro; Sol, Vénus e Mercúrio, um ano; para a lua, 28 dias. Pff!... isso é ciência de calouro... Mas diz-me: as esferas têm cada uma o seu domínio, ou *intelligentia*?[67]

MEFISTÓFELES

Têm.

FAUSTO

E quantos céus ou esferas é que há?

MEFISTÓFELES

Nove: as dos sete planetas, o firmamento e o céu empíreo.

---

[66] "No espaço e no tempo".
[67] Segundo as teorias astronômicas da Antiguidade, as esferas tinham, cada uma, uma "intelligentia", origem de seus movimentos.

FAUSTO

Bom, explica-me este caso: por que é que não temos conjunções, oposições, aspectos e eclipses regularmente todos os anos, mas nalguns mais e noutros menos?

MEFISTÓFELES

Per inequalem motum respectu totius.[68]

FAUSTO

Bem, estou satisfeito. Diz-me, quem fez o mundo?

MEFISTÓFELES

Não digo!

FAUSTO

Meu caro Mefistófeles, diz lá...

MEFISTÓFELES

Não insistas, porque não digo!

FAUSTO

Patife, não te comprometeste comigo a dizeres-me tudo?

MEFISTÓFELES

Sim, mas que não fosse contra o nosso reino, e isso é. Pensa no inferno, Fausto, a que estás condenado!

FAUSTO

Pensa em Deus, Fausto, criador do mundo!

MEFISTÓFELES

Lembra-te disto.

---

[68] "Por causa do movimento desigual de cada um em relação ao todo".

(*Sai.*)

FAUSTO

Pra o negro Inferno vai, maldito espírito,
Que a Fausto, em desalento, a alma perdeste.
Será tarde demais?
    (*Reentram o* ANJO BOM *e o* ANJO MAU.)

ANJO MAU

Já é tarde!

ANJO BOM

Arrependa-te Fausto, e nunca é tarde!

ANJO MAU

Os diabos escortanham-te se o fazes...

ANJO BOM

Arrepende-te, e nem na pel' te tocam!
    (*Saem os anjos.*)

FAUSTO

Cristo, meu Salvador,
Faz por salvar a alma ao triste Fausto!
    (*Entram* LÚCIFER, BELZEBU *e* MEFISTÓFELES.)

LÚCIFER

Salvar-ta Deus não pode, porque é justo,
Por ela a interessar-se sou só eu.

FAUSTO

Oh, quem és tu, de aspecto tão terrível?

LÚCIFER

Sou Lúcifer,
E, além de mim, este é do Inferno príncipe.

FAUSTO

Ai, Fausto, que te vieram buscar a
alma!...

LÚCIFER

Viemos te dizer que nos afrontas:
Falas de Cristo, contra o prometido!
Deves esquecer Deus, pensar no Diabo!

FAUSTO

Não tornarei! Perdoai-me desta, e juro
Não mais pra o Céu olhar, ou citar Deus,
Ou rezar, mas queimar, pelo contrário,
A Bíblia, matar padres, e fazer
Que as igrejas destruam meus espíritos.

LÚCIFER

Fá-lo, e grande recompensa te daremos. Fausto, nós viemos
do Inferno trazer-te um divertimento. Senta-te, que vais ver
aparecer os Sete Pecados Mortais tais quais são.

FAUSTO

Pra mim será tal vista tão ditosa,
Como foi para Adão, no primo dia
Da sua criação, o Paraíso.

LÚCIFER

Não fales de Paraíso nem de criação... Repara antes nesta
cena. Fala no Diabo e em nada mais. Entrem!

(*Entram os* SETE PECADOS MORTAIS.)
Agora, Fausto, pergunta-lhes pelos nomes e feitios.

FAUSTO

O que és tu... o primeiro?

SOBERBA

Sou a Soberba. Não quero saber dos meus pais. Sou como a pulga de Ovídio:[69] capaz de me meter em todos os cantos duma rapariga. Às vezes sento-me nos seus sobrolhos, como uma peruca; ou, qual leque de plumas, beijo-lhe os lábios; na verdade, eu faço... o que é que eu não faço? Mas livra! Que cheiro que aqui está!... Não torno a dizer mais palavras se não me perfumarem o sobrado e o cobrirem de panos de Arrás.

FAUSTO

O que és tu... o segundo?

AVAREZA

Sou a avareza, gerada por um velho miserável nos restos duma mala de cabedal. E, se pudesse realizar os meus desejos, o que queria era que esta casa e vós todos dentro dela fossem transformados em ouro, para vos poder aferrolhar na minha arca. Oh, meu rico ouro!

FAUSTO

O que és tu... o terceiro?

IRA

Sou a Ira. Eu cá não tive pai nem mãe: saltei da boca dum leão quando pouco mais tinha do que meia hora de vida. E, desde

[69] Houve na Idade Média uma "Canção da Pulga", (*Carmen de Pulice*), pretensamente atribuída a Ovídio.

então, tenho corrido o mundo com este par de punhais nas mãos, ferindo-me a mim própria se não tenho mais ninguém com quem lutar. Nasci no Inferno, e olhai bem que algum de vós há de ser o meu pai...

FAUSTO

O que és tu... o quarto?

INVEJA

Sou a Inveja, nascida de um limpa-chaminés e de uma vendedeira de ostras. Não sei ler, por isso o que eu queria era que todos os livros fossem queimados. Estou emagrecida de ver comer os outros. Oh, quem me dera que viesse tal crise de fome ao mundo, que todos morressem, e só eu ficasse viva!... Então é que me haviam de ver engordar!... Mas hão de vocês estar sentados e eu de pé? Já para baixo, com uma praga!...

FAUSTO

Vai-te, invejosa megera! O que és tu... o quinto?

GULA

Quem? Eu, senhor? Eu sou a Gula. Os meus pais já morreram, e o diabo dos cinco réis que me deixaram não dão para mais do que para o sustento, ou seja, trinta refeições por dia e dez merendas... coisa de nada para contentar a natureza... Oh, eu venho de linhagem real! A minha avó era uma Perna de Presunto,[70] o meu avô, um Barril de Clarete; meus padrinhos foram Pedro Arenque em Sal e Martinho Bife Grande; oh, mas a minha madrinha, que dona jovial que ela não era!... E muito apreciada em todas as vilas e cidades... Chamava-se Dona

---

[70] As designações do pai e da mãe da Gula foram invertidas, de acordo com o gênero das palavras portuguesas.

Margarida Cervejinha.[71] E agora, Fausto, que me ouviste citar toda a ascendência, convidas-me para jantar?

FAUSTO

Eu não!... Ainda hei de ver-te enforcada! Comias-me tudo o que tivesse...

GULA

Então, que o diabo te esgane!...

FAUSTO

Esgana-te tu a ti, glutona! O que és tu... o sexto?

PREGUIÇA

Sou a Preguiça. Fui gerada num areal soalhento, onde tenho jazido desde então. E grande injúria me fizestes em me tirardes de aí! Mandai, mas é a Gula e a Luxúria tornarem a levar-me pra lá. E não direi mais uma palavra nem que seja pelo resgate dum rei.

FAUSTO

E tu quem és, dona Sécia, sétima e última?

LUXÚRIA

Quem? Eu, senhor? Eu sou alguém que prefere um naco de carneiro cru[72] a um monte inteiro de bacalhau frigido, e a primeira letra do meu nome é um L.

---

[71]O que está realmente no inglês é "cerveja de Março", designação de uma cerveja especialmente forte. A expressão, porém, nada diz em português, pelo que a substituímos por "Cervejinha", conservando assim o tom faceto e reservando a explicação e a justificação para esta nota.

[72]É de supor — íamos quase a dizer: é de recear — que aqui se oculte qualquer alusão inconveniente, como na Cena IV, quando se fala das coroas francesas.

FAUSTO

Já para o Inferno, para o Inferno!
(*Saem os* SETE PECADOS.)

LÚCIFER

Então, Fausto, que tal achaste?

FAUSTO

Oh, isto encanta-me a alma!…

LÚCIFER

Ora, Fausto, no Inferno há toda a espécie de
prazeres…

FAUSTO

Se ver pudesse o Inferno e regressar
Como feliz seria!…

LÚCIFER

Vê-lo-ás!
Eu mando te buscar à meia-noite.
Pega este livro, lê-o no entretanto,
E poderás tomar que forma queiras.

FAUSTO

Muito obrigado, grande Lúcifer,
Hei de estimá-lo tanto como a vida.

LÚCIFER

Pois adeus, Fausto. Pensa no Diabo!

FAUSTO

Adeus, grão Lúcifer.
(*Saem* LÚCIFER *e* BELZEBU.)

Vem cá, Mefisto!
  (*Entra o* CORO *pela segunda vez.*)

CORO

O doutor Fausto,
Pra os segredos saber da Astronomia,
No livro impressos do alto céu de Júpiter,
Aprestou-se a escalar o monte Olimpo,
Sentado em claro carro incandescente,
Puxado por um jugo de dragões.
E agora foi tentar Cosmografia,
E creio que se irá primeiro a Roma
Pra ver o Papa, a corte lhe observar,
Na festa de São Pedro tomar parte,
Que ainda hoje é muito celebrada.

Cena VI

(*No gabinete particular do* PAPA. *Entram* FAUSTO *e* ME-FISTÓFELES.)

FAUSTO

Tendo agora, meu caro Mefistófeles,
Passado com prazer Treves magnifica,
Cercada de altos montes donairosos,
Com muralhas de sílex, fundos fossos,
Inacessível a conquistadores;
De Paris a seguir, rodeando a França,
Vimos o Maine confluir no Reno,
De margens recobertas de vinhedos;
Por Nápoles depois, farta Campânia,
De edifícios gentis, gratos à vista,
Ruas direitas, bem pavimentadas,
Que em quarteirões dividem a cidade;
Vimos do douto Maro[73] a tumba de ouro,
E a senda, que cortou bem de uma milha,
Em rocha viva numa noite só;
Pra Veneza depois, Pádua e mais terras,
Numa das quais está o templo esplêndido,
Cujo topo ambicioso ameaça o céu.
O tempo veio assim Fausto passando...
Mas diz-me agora: que aposento é este?
Conduziste-me tu, como ordenei,
De Roma para dentro das muralhas?

[73] Virgílio, cujo nome completo era Públio Virgílio Maro. A Idade Média conferiu-lhe fama de mágico e atribuiu-lhe lendas várias, como esta.

MEFISTÓFELES

Sim, Fausto. E, para que não estivéssemos desprevenidos, tomei por nossa conta o gabinete particular de Sua Santidade.

FAUSTO

Espero que Sua Santidade nos receba bem.

MEFISTÓFELES

Ora, não faz mal, nós pouco nos importamos com seu acolhimento...
E agora que, meu Fausto, podes ver
O que Roma contém pra teu agrado,
Sabe em sete colinas 'star assente,
Que lhe escoram a base, esta cidade,
P'las margens sinuosas repartida
Do Tíber, que lhe passa pelo meio,
Às quais se apoiam quatro belas pontes,
Dumas partes às outras dando acesso.
Daquelas, na chamada Ponte de Ângelo,
Um castelo fortíssimo se ergue,
Dentro de cujos muros tantas peças
E canhões duplos de lavrado bronze
Se encontram, quantos são do ano os dias;
E, além disso, os portões e obeliscos
Por Júlio César de África trazidos.

FAUSTO

Agora, pelos reinos infernais
De *Styx* e Aqueronte, e pelo curso
De fogo sempre ardente do Flegeto,[74]

---

[74] *Stix*, Aqueronte e Flegeto, os três rios do Inferno da mitologia grega. Fausto aprendeu a lição que Mefistófeles lhe ensinara: já não cita Deus, mas sim coisas destas.

Juro que anseio ver os monumentos
E o panorama da esplendente Roma.
Vamos daqui, portanto.

MEFISTÓFELES

Espera: eu sei que o Papa ver querias
E na festa a São Pedro tomar parte.
Grande tropa vais ver de frades calvos,
Pra os quais a pança cheia é *summum bonum*.[75]

FAUSTO

Pois bem. Vou lhes pregar qualquer partida,
E, feitos tolos, rir-nos-emos deles.
Por tuas artes, torna-me invisível,
Para poder fazer, por ninguém visto,
Tudo o que me apeteça, enquanto em Roma.
    (MEFISTÓFELES *torna-o invisível.*)

MEFISTÓFELES

E agora, Fausto,
Faz quanto queiras, que não serás visto.
    (*Soam trombetas. Entram o* PAPA *e o* CARDEAL DA LORENA
para o banquete, servidos por FRADES.)

PAPA

Monsenhor de Lorena, quereis ter a bondade de vos aproximar?

FAUSTO

Deita-te a isso, e que o diabo te suma se te fazes rogado...

---

[75] "Sumo bem" ou "suma aspiração".

PAPA

Que é isto? Quem é que falou? Ora vede, frades, por aí.

PRIMEIRO FRADE

Com licença de Vossa Santidade, aqui não está ninguém.

PAPA

Monsenhor, aqui tendes um prato delicadíssimo que me foi enviado pelo Bispo de Milão.

FAUSTO

Muito obrigado a Vossa Senhoria.
(*Rapa-lhe o prato.*)

PAPA

O que é isto? Quem é que me tirou a comida? Não há ninguém que veja? Monsenhor, este prato me foi enviado pelo Cardeal de Florença.

FAUSTO

Lá isso é verdade; eu fico com ele.
(*Tira-lhe o prato.*)

PAPA

O quê? Outra vez? Monsenhor, bebo à saúde de vossa graça.

FAUSTO

Em honra de vossa graça!
(*Some-lhe a taça.*)

CARDEAL DA LORENA

Monsenhor, é capaz de ser algum espírito que se tenha escapado há pouco do purgatório e que venha pedir indulgências a Vossa Santidade...

PAPA

Pode ser... Frades, preparai um responso para aplacar a fúria deste espírito. Monsenhor, vamos a isto outra vez.

(*O* PAPA *benze-se.*)

FAUSTO

O quê? Estás-te a benzer? Deixa-te disso, previno-te.

(*O* PAPA *benze-se outra vez.*)

Bom, esta é a segunda vez... Cautela com a terceira!... Eu bem te previno...

(*O* PAPA *torna a benzer-se e Fausto dá-lhe uma bofetada. Fogem todos.*)

E agora, Mefistófeles? O que havemos de fazer?

MEFISTÓFELES

Não sei, não sei... Vamos ser amaldiçoados com velas, sineta e missal...[76]

FAUSTO

Velas, missal e sineta,
Sineta, velas, missal...
Trão-larão pra mandar Fausto,
Lá para o reino infernal!
Um burro, um vitelo, um porco,
A zurrar, mugir e grunhir.
— Que é o dia de São Pedro —
Ides para já ouvir...

(*Reentram os* FRADES *todos para cantar o responso.*)

PRIMEIRO FRADE

Vamos, irmãos, toca a tratar da nossa tarefa com devoção.

(*Cantam.*)

---

[76] Cerimônias da excomunhão.

82

Amaldiçoado seja quem roubou da mesa a comida de Sua Santidade! *Maledicat Dominus!*[77]

Amaldiçoado seja quem deu uma bofetada na cara de Sua Santidade! *Maledicat Dominus!*

Amaldiçoado seja quem pregou um carolo na cabeça do Irmão Sandelo! *Maledicat Dominus!*

Amaldiçoado seja quem está a perturbar o nosso santo responso! *Maledicat Dominus!*

Amaldiçoado seja quem levou o vinho de Sua Santidade! *Maledicat Dominus! Et omnes sancti! Amen!*

(MEFISTÓFELES *e* FAUSTO *batem nos frades e atiram tições para o meio deles: e assim vão saindo todos. Entra o* CORO *pela terceira vez.*)

CORO

Fausto, após com prazer ter observado
Cortes reais, visto as mais raras coisas,
Parou seu curso e regressou à pátria;
Os que lhe tinham lastimado a ausência,
Quer dizer, os amigos, companheiros,
Por ter voltado a salvo o f'licitaram;
E, em palestra de quanto sucedera
Nessas andanças pelo mundo e ares,
Fizeram mil perguntas astrológicas,
Às quais com tal saber volvia Fausto,
Que todos lhe admiravam a perícia.
Por toda a parte se lhe espalha a fama.
O próprio Imperador, como outros tantos,
— Carlos v — festeja em seu palácio
O doutor Fausto então com a nobreza.

---

[77] "Que Deus amaldiçoe".

Pra seus poder's mostrar, o que aí fez,
Não conto: vê-lo-eis representado.
   (*Sai.*)

Cena VII

(*Junto duma estalagem. Entra o estalajadeiro* ROBIN *com um livro na mão.*)

ROBIN

Oh! Isto é formidável!... Eu cá roubei um dos livros de conjurar do doutor Fausto, e verdade, verdadinha que hei de ver o que darão em meu proveito alguns dos círculos... As raparigas da nossa freguesia, hei de agora fazê-las dançar todas à minha vontade, nuas em pelo diante de mim!... E hei de observar assim mais do que o que tenho visto ou apalpado até agora...

(*Entra* RALPH *a chamar por* ROBIN.)

RALPH

Robin, fazes favor, anda cá?!... Está aqui um senhor à espera que o cavalo esteja pronto, e queria tudo limpo e areado. Está a fazer uma daquelas zaragatas com a patroa!... E ela mandou te chamar. Anda lá, fazes favor!

ROBIN

Não te chegues! Não te chegues, que ainda estouras... Ficas em bocados, Ralph... Não te chegues, que estou a tratar duma coisa muito perigosa...

RALPH

Anda lá... Que estás tu a fazer com esse livro? Tu não sabes ler...

ROBIN

Ah não?! Pois o patrão e a patroa ainda hão de descobrir que sei, ele, para testa dele, e ela, para estudos particulares: nasceu para me ter em cima, ou então falham-me as artes...

RALPH

O quê, Robin? Que livro é esse?

ROBIN

Que livro?... É o mais formidável livro de conjurar que jamais um desses diabos sulfurosos inventou!...

RALPH

E podes conjurar com ele?

ROBIN

Posso fazer com ele, com a maior das facilidades, uma quantidade de coisas; primeiro, com que te embebedes de vinho com açúcar e canela em todas as tabernas da Europa, de graça. Um dos meus números a conjurar é esse...

RALPH

O nosso prior diz que isso não é nada...

ROBIN

Está bem, Ralph. Mas mais, Ralph: se andas com ideias de Nan Spit, a nossa moça de cozinha, vira-a e revira-a para teu serviço todas as vezes que quiseres, e à meia-noite...

RALPH

Oh! Esplêndido, Robin! A Nan Spit cá para o que eu quiser? Nesse caso, até sou capaz de sustentar esse teu diabo de graça e toda a vida a pão de cavalo...[78]

[78] Pães de tamanho maior do que o vulgar e fabricados especialmente para a alimentação de cavalos.

ROBIN

Não digas mais, Ralph, da minha alma! Vamos, mas é limpar as botas, que estão para aí todas sujas, e depois toca a tratar dos nossos conjuros, em nome do diabo.

(*Saem.*)

Cena VIII

(*A mesma. Entram* ROBIN *e* RALPH *com uma taça de prata.*)

ROBIN

Então, Ralph? Não te disse eu que estávamos garantidos para toda a vida com este livro do doutor Fausto? *Ecce signum...*[79] e aqui está um negócio bem simples para moços de estrebaria... Não hão de ser os nossos cavalos a comer feno enquanto isto durar...

RALPH

Mas, Robin, o taberneiro vem aí...

ROBIN

Pff!... Eu cá intrujo-o sobrenaturalmente...
 (*Entra o* TABERNEIRO.)
Creio que está tudo pago, oh, chefe. Fique com Deus. Anda daí, Ralph.

TABERNEIRO

Mais devagar, cavalheiro. Uma palavrinha contigo. Tem que me pagar uma taça antes de se ir.

ROBIN

Eu, uma taça?! Ralph!... Eu, uma taça?! Eu estou-me nas tintas para ti! O senhor é mais é um... etc.... Eu, uma taça?! Revista-me!

TABERNEIRO

Pois é claro, cavalheiro, com sua licença...

[79] "Eis a prova".

(*Revista* ROBIN.)

ROBIN

E agora, que dizes?

TABERNEIRO

Tenho que dizer uma coisa ao seu companheiro. O senhor, oh, cavalheiro...

RALPH

Eu, senhor? Eu, senhor?!... Revista o que quiser...
(*O* TABERNEIRO *revista-o.*)
Pois pode agora envergonhar-se de ter estado a duvidar da palavra de pessoas honestas.

TABERNEIRO

Bom... Um de vós tem a taça consigo...

ROBIN

(*À parte.*)
Pois mentes, Taberneiro. Está diante de mim... (*Para o* TA-BERNEIRO.) Deixe estar, meu caro senhor, que eu já o ensino a pôr-se a acusar pessoas honestas! Deixe-se disto... Por uma taça, dou cabo de ti... Deixe-se disto, que é o melhor... Eu chego-lhe, em nome de Belzebu! (*À parte para* RALPH.) Olha-me pela taça, Ralph!

TABERNEIRO

O que o senhor vai fazer?

ROBIN

Eu já lhe digo o que vou fazer...
(*Lê por um livro.*)

Sanctobulorum Periphrasticon...[80] Nah... Quero-lhe fazer cá
umas cócegas, Taberneiro...
(*À parte para* RALPH.)
Olha-me pela taça, Ralph!
(*Lê.*)
*Polypragmos Belseborams framanto pacostiphos tostu, Mephis-
tophilis...*[81] etc.
(*Entra* MEFISTÓFELES, *deita-lhes petardos pelas costas e sai.
Correm os três pelo palco.*)

TABERNEIRO

Oh! *Nomine Domini!*[82] O que estás a fazer, Robin? Não tens
taça nenhuma, não senhor...

RALPH

Peccatum peccatorum![83] Pega lá a taça, Taberneiro...
(*Dá a taça ao* TABERNEIRO, *que sai.*)

ROBIN

Misericordia pro nobis![84] Que hei de fazer? Perdoa-me desta,
meu bom Diabo, que nunca mais te assalto a biblioteca...
(*Reentra* MEFISTÓFELES.)

MEFISTÓFELES

Senhor do Inferno, a cujo torvo olhar
Trêmulos se ajoelham grãos magnates,
Sobre cujos altar's mil almas jazem...
Vexado, eu, p'los encantos de tais biltres?!...

[80] Estas palavras não têm significação.
[81] Estas palavras não têm significação.
[82] "Em nome do Senhor!"
[83] "Pecado dos pecados".
[84] "Valha-nos a misericórdia!"

Pra aqui chegar, vim de Constantinopla,
A bel-prazer destes danados servos!

ROBIN

O quê? De Constantinopla? Grande viagem teve de fazer...
Queres meter uma coroa ao bolso, para pagar a ceia e te pores
a andar?

MEFISTÓFELES

Miseráveis! Pela vossa presunção transformo-te a ti num macaco, e num cão a ti. E ponde-vos a andar...
   (*Sai.*)

ROBIN

O quê? Num macaco? Bravo! Vou ter com que me entreter
com os rapazes! Hei de arranjar nozes e maçãs a fartar...

RALPH

E eu, que tenho que ser cão...

ROBIN

Verdadinha, que nunca hás de tirar a cabeça da malga...

Cena IX

(*No palácio do Imperador, depois num prado e em casa de Fausto. Entram o* IMPERADOR, FAUSTO, *um* CAVALEIRO *e comitiva.*)

IMPERADOR

Doutor Fausto, tenho ouvido extraordinárias
referências aos teus conhecimentos das artes
negras; que, por exemplo, ninguém contigo se
pode comparar, quer no meu império, quer
em todo o mundo, quanto às estranhas operações
da magia. Dizem que tens um espírito
familiar por intermédio do qual consegues
realizar tudo quanto queres. O meu pedido,
portanto, é o seguinte: que me dês qualquer
prova da tua perícia para que os meus olhos
possam ser testemunhas do que me tem chegado
aos ouvidos. E aqui te juro pela honra
da minha coroa imperial que, faças o que fizeres,
nunca serás prejudicado ou incomodado
por isso.

CAVALEIRO

(*À parte.*)
Ele parece mais é um bruxo...

FAUSTO

Gracioso Soberano, embora tenha que me
confessar muito inferior ao que de mim se diz
e em nada corresponder à grandeza de Vossa
Imperial Majestade, contudo, porque o afeto

e o dever a isso me obrigam, gostosamente
cumprirei o que quer que Vossa Majestade
ordenar.

IMPERADOR

Ouve então, doutor Fausto, o que te digo.
Duma vez, 'stando só no gabinete,
Vieram-me diversos pensamentos
Sobre as glórias dos meus antepassados:
Como obraram tais feitos de bravura,
Tantos reinos, riquezas conquistaram,
Que nós, os sucessor's, ou os que houverem
Depois de nós o trono, bem receio
Não mais atingirão aquele grau
De alto renome e grande autoridade.
De entre esses reis é Alexandre Magno,
Sumo ideal dos grandes, eminentes,
Da terra, que os seus atos gloriosos
Iluminam com raios refletidos
De claro brilho. E assim ouvir citá-lo
Basta pra me doer que nunca o visse.
Se, pois, por tuas artes engenhosas,
Puder's esse famoso general
Chamar da funda abóboda, em que jaz
Sepultado, e com ele a bela amante,
Ambos na justa forma, gestos, trajos,
Que soíam mostrar durante a vida,
Justo desejo meu satisfarás,
Darás razão de te louvar pra sempre.

FAUSTO

Gracioso senhor, estou disposto a cumprir o que me pedis em tanto quanto esta arte e o poder do meu Espírito me permitam realizar.

CAVALEIRO

(*À parte.*)
Isso assim, no fundo não é nada...

FAUSTO

Mas, se me permitis, não está ao meu alcance poder apresentar diante de vossos olhos os verdadeiros corpos materiais desses falecidos príncipes, há muito consumidos no pó.

CAVALEIRO

(*À parte.*)
Nem mais, senhor doutor, assim já tendes um certo ar de simpatia, dispondo-vos a confessar verdades...

FAUSTO

Todavia, diante de vossa graça surgirão espíritos animados semelhando Alexandre e a amante, tais como pareciam na altura mais radiosa da vida. Isto será, sem dúvida, o suficiente para contentar Vossa Imperial Majestade.

IMPERADOR

Pois anda lá, doutor, mostra-mos depressa.

CAVALEIRO

Estás a ouvir, senhor doutor? Vai trazer aqui, diante do Imperador, Alexandre e a amante!

FAUSTO

E então, senhor?

CAVALEIRO

De fato, isso é tanto verdade quanto Diana[85] ter me feito veado...

FAUSTO

Lá isso não, senhor. Mas, quando Ateão morreu, deixou-lhes os chifres para si... Vai, Mefistófeles!
(*Sai* MEFISTÓFELES.)

CAVALEIRO

Nah... se te pões a conjurar, vou-me embora...
(*Sai.*)

FAUSTO

Já ajusto contas contigo por me estar assim a interromper!... Aqui estão, gracioso senhor!
(*Reentra* MEFISTÓFELES *com dois espíritos nas formas de* ALEXANDRE *e da* AMANTE.)

IMPERADOR

Doutor, disseram-me que esta dama tivera em vida um sinal ou cravo no pescoço. Como hei de apurar se é ou não verdade?

FAUSTO

Aproxime-se, Vossa Majestade, sem acanhamento e veja.

---

[85] Deusa da caça na mitologia latina. Para se ver livre de Ateão, que a requisitava, transformou-o num veado que, depois de morto, foi devorado pelos cães.

IMPERADOR

Com certeza que não são espíritos, mas os verdadeiros corpos materiais desses defuntos príncipes!...[86]

(*Saem os espíritos.*)

FAUSTO

Quer agora Vossa Majestade ter a bondade de chamar aqui aquele cavaleiro que tão amável foi há pouco comigo?

IMPERADOR

Chame-o cá um de vós.

(*Sai um cortesão. Reentra o* CAVALEIRO *com um par de chifres na cabeça.*)
Que é isso, senhor cavaleiro? Quê?! Eu pensava que eras solteiro, mas vejo agora que tens uma esposa que não só te fornece os chifres como tos faz usar... Apalpa a cabeça!

CAVALEIRO

Tu, miserável, execrável cão,
Gerado em lura de medonha rocha,
Como ousas ultrajar um cavalheiro?
Desfaz-me já, vilão, o que fizeste!

FAUSTO

Oh, nem tão depressa, senhor. Não há mesmo pressa nenhuma... Ora bem: lembra-se de como esteve a entrar comigo durante a conversa com o Imperador? Parece-me que estamos pagos agora.

---

[86] Ao ver que a semelhança vai até os pequenos sinais do corpo, o Imperador admite que sejam verdadeiramente Alexandre e a amante.

IMPERADOR

Meu bom doutor, peço-te eu que lhe perdoes. Já fez penitência suficiente...

FAUSTO

Gracioso senhor, não tanto pela injúria de que foi alvo na vossa presença, como para vos distrair com qualquer graça, deu Fausto a paga devida a este cavaleiro incivil. E, sendo apenas essa a minha intenção, de boa vontade o liberto agora dos chifres. Senhor cavaleiro, de agora em diante dizei bem dos doutores!... Mefistófeles, transforma-o imediatamente!

(MEFISTÓFELES *tira-lhe os chifres.*)

Agora que fiz o que me cumpria, prezado senhor, despeço-me humildemente.

IMPERADOR

Adeus, doutor. Antes que vás, contudo,
Aguarda de mim larga recompensa.

(*Saem o* IMPERADOR, *o* CAVALEIRO *e a comitiva.*)

FAUSTO

Segue o tempo o seu curso, Mefistófeles,
Sem parar, em silêncio, a passo firme,
Da vida o fio, os dias me encurtando.
E agora me reclama o pagamento
Dos derradeiros anos. Vamos, pois,
Prestes pra Wertenberg, bom Mefisto.

MEFISTÓFELES

Quê? Queres ir a pé ou a cavalo?

FAUSTO

Não, vou a pé até passar este lindo prado tão aprazível.

97

(*Entra um* MERCADOR DE CAVALOS.)

MERCADOR DE CAVALOS

Tenho andado todo o dia à procura dum tal senhor Faustão.[87]
Ora missas! Olhem onde ele está! Deus o salve, senhor doutor!

FAUSTO

Viva, mercador! Folgo ver-te.

MERCADOR DE CAVALOS

Ouça, meu senhor, trago-lhe quarenta dobras pelo seu cavalo.

FAUSTO

Por tão pouco não o posso vender. Se o quiseres por cinquenta,
podes levá-lo.

MERCADOR DE CAVALOS

Meu senhor, é uma pena, mas não tenho mais.
  (*Para* MEFISTÓFELES.)
Convence-o o senhor por mim, faz favor...

MEFISTÓFELES

Pois entrega-lho lá, peço-te eu. O homem é honesto e tem
grandes encargos:[88] nem mulher nem filhos.

FAUSTO

Bem, vamos, dá-me o dinheiro.
  (*O* MERCADOR *dá o dinheiro a* FAUSTO.) O meu moço
entregar-to-á. Mas tenho que te dizer uma coisa antes que
tomes conta dele: nunca, de modo nenhum o metas à água.

---

[87] O Mercador de Cavalos ora chama Fausto corretamente, ora lhe deturpa o nome e o designa por "Faustão".

[88] Mefistófeles pretende fazer graça e atirar a piada ao Mercador de que este não tem encargo nenhum.

MERCADOR DE CAVALOS

O quê, meu senhor? Não bebe de toda a água?

FAUSTO

Sim, bebe de qualquer água. Mas não te metas com ele pela água dentro. Mete-o por sebes e valados ou por onde queiras, mas pela água dentro, não.

MERCADOR DE CAVALOS

Bem, meu senhor. (*À parte.*) Agora é que estou garantido para sempre: não largo o cavalo por menos de duas vezes as quarenta. Se tivesse então a qualidade de "Hey ding ding, hey ding ding",[89] conseguiria com ele um rico rendimento. Tem os quartos mais macios que uma enguia! (*Para* FAUSTO.) Bem, fique com Deus, meu senhor. O moço então entrega-mo. Mas ouça, meu senhor: se ele adoecer ou não se sentir bem e eu lhe trouxer as águas do cavalo, diz-me o que ele tem, sim?

FAUSTO

Põe-te a andar, patife! Quê? Julgas que sou algum veterinário?

(*Sai o* MERCADOR DE CAVALOS.)

Pois que és tu, Fausto, senão um homem condenado a morrer?
Do fim se te aproxima o fatal p'ríodo.
Temor's te levam à mente o desespero.
Aturde essas paixões num quieto sono:
Pois na cruz não salvou Cristo o ladrão?
Descansa, Fausto, nestes raciocínios.

(*Adormece na cadeira. Reentra o* MERCADOR DE CAVALOS, *todo molhado, em altos gritos.*)

---

[89] Não se sabe ao certo o que possa significar. A mesma expressão aparece, sem significado especial, no refrão duma canção do *As You Like It*, de Shakeaspere. (Ver Dicionário de Oxford).

MERCADOR DE CAVALOS

Ai! Ai de mim! Que é desse doutor Faustão? Ora missas! Nem o doutor Lopez[90] era um fulano que tal... Deu-me uma purga, purgou-me de quarenta dobras! Nunca mais as torno a ver! Pois é, mas eu também fui um grande burro em não me querer deixar levar por ele... Bem me avisou que não o devia meter na água... E eu, julgando que o cavalo tinha qualquer jeito especial que ele não queria que eu conhecesse, vou como um garoto atrevido e meto-me com ele por aquele fundo pego dentro que há no fim da cidade... Eu a chegar ao meio e o animal a evaporar-se... Fiquei a cavalo num molho de feno e nunca estive tanto para me afogar como então... Mas hei de descobrir o doutor e tornar a haver minhas quarenta dobras, ou ainda lhe faço pagar o bicho mais caro... Oh, lá está acolá o seu faz-tudo! Estás a ouvir, oh, seu mágico? Que é do patrão?

MEFISTÓFELES

Por quê? Quer-lhe alguma coisa? Agora não pode falar com ele.

MERCADOR DE CAVALOS

Mas eu quero falar com ele!

MEFISTÓFELES

Nah... está pegado a dormir. Venha para a outra vez.

MERCADOR DE CAVALOS

Hei de falar com ele agora ou quebro-lhe as vidraças todas à roda dos ouvidos...

---

[90] Parece ter sido médico de Isabel, que foi condenado em 1594 por cumplicidade num atentado contra a vida da rainha. Se isto, porém, é verdade, o passo não pode ser da autoria de Marlowe, que foi morto em 1593.

MEFISTÓFELES

Estou-lhe a dizer que há oito noites que não dorme!

MERCADOR DE CAVALOS

Nem que não dormisse há oito semanas, eu havia de lhe falar!

MEFISTÓFELES

Vê onde ele está, dormindo a bom dormir.

MERCADOR DE CAVALOS

Ah! Cá está ele! Deus o salve, senhor doutor, senhor doutor, senhor doutor Faustão! Quarenta dobras, quarenta dobras por um molho de feno!

MEFISTÓFELES

Quê? Pois não vê que não ouve?

MERCADOR DE CAVALOS

Ei! Oh, oh! Ei! Oh, oh! (*Berra-lhe aos ouvidos.*) Quê? Não quer acordar? Eu é que não me vou embora sem que ele acorde!
(*Puxa* FAUSTO *por uma perna e arranca-lha.*)
Ai que estou desgraçado! Que hei de eu fazer?!...

FAUSTO

Ai, a minha perna, a minha perna!... Acode, Mefistófeles! Chama a guarda! A minha perna, a minha perna!

MEFISTÓFELES

Anda, patife, anda para o guarda!

MERCADOR DE CAVALOS

Ai, meu Deus, senhor! Deixa-me ir embora e dou-lhe mais outras quarenta dobras!

MEFISTÓFELES

E onde estão elas?

MERCADOR DE CAVALOS

Comigo não as tenho, mas vai à minha estalagem que lhas dou logo.

MEFISTÓFELES

Põe-te já a andar!...
(*O* MERCADOR DE CAVALOS *sai correndo.*)

FAUSTO

O quê? Foi-se embora? Passe bem... Fausto tem outra vez a perna e o Mercador de Cavalos, segundo creio, um molho de feno pelo seu trabalho... Bom, esta habilidade vai lhe custar mais quarenta dobras...
(*Entra* WAGNER.)
E então, Wagner? O que há de novo?

WAGNER

Senhor, o Duque de Vanholt reclama com o maior interesse a vossa presença.

FAUSTO

O Duque de Vanholt! Um digno cavalheiro, a quem não posso regatear os meus serviços. Anda, Mefistófeles, vamos ter com ele.
(*Saem.*)

Cena x

(*No palácio do* DUQUE *de Vanholt. Entram o* DUQUE *de Vanholt, a* DUQUESA, FAUSTO *e* MEFISTÓFELES.)

DUQUE

Crê, senhor doutor, que muito me agradou este passatempo.

FAUSTO

Gracioso senhor, folgo muito que vos tenha satisfeito tanto. Mas pode ser, minha senhora, que não te distraias com isto. Tenho ouvido dizer que as mulheres grávidas do que gostam é dum ou doutro petisco. Qual há de ser, minha senhora? Diga-me, e tê-lo-á.

DUQUESA

Obrigada, meu bom doutor. E, reconhecendo o vosso amável intento de me obsequiar, não esconderei de ti a coisa que me pede o coração: se agora, assim como é janeiro e a época morta do inverno, fosse verão, não quereria melhor manjar do que um prato de uvas madurinhas...

FAUSTO

Oh, minha senhora, isso não é nada! Vai, Mefistófeles! (*Sai* MEFISTÓFELES.) Nem que de coisa pior se tratasse, fosse ela do vosso gosto e havê-la-íeis de ter.

(*Reentra* MEFISTÓFELES *com as uvas.*)

Aqui estão, minha senhora. Quer dar-se ao incômodo de as provar?

DUQUE

Pois creia, senhor doutor, mais me admira isto do que o resto: como é que teria conseguido arranjar estas uvas, sendo na época morta do inverno, no mês de janeiro!...

FAUSTO

Se me permite, o ano está dividido em dois círculos sobre o mundo todo, de maneira que, quando para nós é inverno, no círculo contrário é verão para os de lá, e assim na Índia, em Sabá e nas regiões distantes do Oriente.[91] Ora, por intermédio dum veloz espírito que eu tenho, mandei-as trazer até aqui, como vê. Que tal as acha, minha senhora? São boas?

DUQUESA

Crê, senhor doutor, que são as melhores uvas que jamais provei na minha vida!

FAUSTO

Folgo muito que tanto vos agradem, minha senhora!

DUQUE

Vamos, senhora, vamos para dentro, e tendes que recompensar muito bem este homem tão sabedor pela grande gentileza que mostrou para convosco.

DUQUESA

É esse o meu desejo, senhor. E ficar-lhe-ei obrigada toda a vida por este obséquio.

FAUSTO

Humildemente agradeço a vossa graça.

---

[91] Curiosa explicação das estações, não é verdade?

DUQUE

Vem, senhor doutor. Segue-nos para receber a sua recompensa.

(*Saem.*)

Cena XI

(*No gabinete de* FAUSTO. *Entra* WAGNER.)

WAGNER

Creio, julga o meu mestre morrer breve,
Porque tudo me deu, que possuía.
Porém, se a morte assim 'stivesse perto,
Não estaria a comer, julgo, e a rir,
E a beber co'os amigos, como agora,
 Pois com tal glutonice a ceia atacam,
Como Wagner não viu em toda a vida.
Vede, aí vêm! É que o bródio acabou!
   (*Sai.*)

Cena XII

(*No mesmo lugar. Entra* FAUSTO *com dois ou três* LETRADOS *e* MEFISTÓFELES.)

PRIMEIRO LETRADO

Senhor doutor Fausto, desde a nossa conversa acerca de mulheres formosas, de qual seria a mais bela de todo o mundo, decidimos entre nós que fora Helena da Grécia a mais admirável dama que jamais existiu. Por isso, senhor doutor, se quisesses fazer o favor de nos mostrar essa incomparável dama grega que todo o mundo admira pela majestade, dar-nos-íamos por muito obrigados para contigo.

FAUSTO

Meus senhores,
Pois sei vossa amizade não ser falsa,
E negar-se não é uso de Fausto,
Dos que lhe querem bem, aos justos rogos,
Vereis da Grécia a dama incomparável,
Justamente na pompa e majestade
De quando o mar com ela sulcou Páris,
Levando o saque pra Dardânia[92] rica.
Mas não faleis, que há risco nas palavras.
(*Ao som de música,* HELENA *atravessa o palco.*)

SEGUNDO LETRADO

Não me chega o engenho pra louvar
Quem todo o mundo em majestade admira!

---

[92] O mesmo que Troia. Para aí levou Páris, além de Helena (ver nota 13, p. 28), os despojos de Esparta.

TERCEIRO LETRADO

Que espanto a irada Grécia com dez anos
De guerras perseguir de tal rainha —
Bela, celestial, sem par — o rapto!...

PRIMEIRO LETRADO

Vista da natureza a obra-prima
E de excelência o único padrão,
Partamos. E por este honroso feito
Feliz, bendito seja Fausto sempre.

FAUSTO

Adeus, senhor's. O mesmo vos desejo.
    (*Saem os* LETRADOS. *Entra um* ANCIÃO.)

ANCIÃO

Ah, Fausto, pudesse eu prevalecer,
Da vida à trilha os passos te guiar,
Para alcançar's por doce via o pórtico,
Que à paz celestial te levaria!...
Retalha o coração, junta-lhe ao sangue
Arrependidas lágrimas, desgosto
De tua vil, nojenta sujidade,
Cujo fedor corrompe dentro a alma
Com tão atrozes crimes, vis pecados,
Que não há compaixão que os deite fora:
Mas só te pode ser lavada a culpa
Do doce Salvador p'lo sangue e graça.

FAUSTO

Fausto, onde paras? Que fizeste, mísero?
Estás perdido! Desespera e morre!
O Inferno quer justiça. Em voz medonha

Diz: "Fausto! Vem! 'Stá perto a tua hora!"
E Fausto irá, cumprindo o que é direito.
(MEFISTÓFELES *dá-lhe um punhal.*)

ANCIÃO
Sustém, bom Fausto, o passo sem remédio!
Vejo te adeja um anjo sobre a fronte,
Co'um vaso cheio de preciosa graça,
Que te promete despejar na alma.
Clemência pede então, não desesperes!

FAUSTO
Ah, bom amigo, essas palavras sinto
Que a alma me confortam. Mas retira-te
Para eu meditar nos meus pecados.

ANCIÃO
Deixo-te, Fausto, mas com triste adeus...
De tua alma opressa temo a perda.
(*Sai.*)

FAUSTO
Maldito Fausto, onde hás perdão agora?
Embora me arrependa, desespero.
Inferno e graça lutam p'lo meu peito.
Que farei pra fugir ao esgar da morte?

MEFISTÓFELES
Fausto, oh, traidor, a tua alma arresto
Por desobediência ao meu senhor.
Retrata-te, ou desfaço-te em bocados.

FAUSTO

Bom Mefistóf'les, pede ao teu senhor
Que esta vã presunção queira esquecer:
Confirmarei de novo com meu sangue
A promessa já feita a Lúcifer.

MEFISTÓFELES

Fá-lo depressa, então, sem fingimento,
Não corra inda mais risco o teu destino.

FAUSTO

Tortura, amigo, o vil, curvado velho,
Que do teu Lúcifer ousa afastar-me,
Co'os tormentos maior's do nosso Inferno.

MEFISTÓFELES

É grande a sua fé. Não posso a alma
Ferir-lhe. Só o corpo. Isso farei,
Por pouca que de tal seja a valia.

FAUSTO

Bom serviçal, pedir-te quero ainda,
Pra saciar do coração a ânsia,
Que possa ter essa formosa Helena,
Que vi ultimamente, por amante,
Cujos doces abraços exterminem
As razões que me afastam do meu voto,
E cumpra o que jurei a Lúcifer.

MEFISTÓFELES

Fausto, isso ou o que quer que mais desejes
Se fará num abrir e fechar de olhos.
(*Reentra* HELENA.)

110

FAUSTO

Foi esta a face que lançou mil naves
Ao mar, queimou de Troia as altas torres?
Faz-me imortal co'um beijo, doce Helena!
  (*Beija-a.*)
A alma me sugaram os seus lábios!...
Vede onde voa! Helena, torna a dar-ma!
Aqui hei de viver, que o Céu está
Nestes lábios, e só Helena é pura.
Páris serei, e, por amor de ti,
Não Troia, Wertenberg será pilhada.
E lutarei co'o fraco Menelau,[93]
Com tuas cor's nas plumas do meu elmo:
Mais, ferirei no calcanhar de Aquiles,[94]
E voltarei a Helena por um beijo.
Oh, que és mais linda que da tarde a brisa,
Envolta na beleza de mil 'strelas;
Mais esplendente que o flamante Júpiter,
Quando surgiu à infeliz Semele;[95]
Mais adorável que o senhor dos astros,
Nos braços azulados de Aretusa:[96]
E só tu hás de ser amante minha.
  (*Saem.*)

[93]Ver nota 13, p. 28.

[94]Ferido e morto por uma seta no calcanhar lançada por Páris, segundo certas versões do cerco de Troia que não a da Ilíada.

[95]Amada de Júpiter morta pelas chamas esplendorosas que rodeavam o Deus em toda a sua glória. Fora ela mesma que desejara vê-lo assim, perecendo por isso.

[96]Ninfa sempre ligada pelos mitos à limpidez das águas e, daí, ao céu azul. Contudo, a alusão de Marlowe não é completamente satisfatória.

Cena XIII

(*No mesmo local. Entra o* ANCIÃO.)

ANCIÃO

Maldito Fausto, mísero, ai de ti,
Que da graça do Céu privaste a alma,
À justiça fugiste do seu trono!
(*Entram diabos.*)
Eis vem Satã altivo examinar-me...
Quando a fé me sondar Deus neste forno,
A fé triunfará, Inferno vil!
Vede, ambiciosos diabos, como o Céu
Ri de vossa derrota e presunção!
Vai-te, Inferno! Daqui voo pra Deus!

(*Saem os diabos por um lado e o* ANCIÃO *pelo outro.*)

112

Cena XIV

(*No mesmo lugar. Entra* FAUSTO *com alguns* LETRADOS.)

FAUSTO

Ai, senhores!

PRIMEIRO LETRADO

O que tem Fausto?

FAUSTO

Ai, meu querido companheiro de quarto, se tivesse ficado contigo, ainda havia de viver! Mas agora morrer eternamente. Vede: não vem aí? Não vem aí?[97]

SEGUNDO LETRADO

Que quer Fausto dizer?

TERCEIRO LETRADO

Parece que arranjou alguma doença por andar sozinho demais.

PRIMEIRO LETRADO

Se assim for, chamamos médicos que o curem. É decerto uma indigestão... Nada de sustos, homem...

FAUSTO

Uma indigestão de pecado mortal, que levou o corpo e a alma à perdição...

SEGUNDO LETRADO

Não obstante, Fausto, põe os olhos no Céu. Lembra-te que a graça de Deus é infinita.

---

[97] Fausto refere-se provavelmente a Mefistófeles, ou então Lúcifer.

FAUSTO

Mas as ofensas de Fausto nunca poderão ser perdoadas: a serpente que tentou Eva pode ser redimida, mas Fausto não. Ah, senhores, ouvi-me com paciência e não tremais perante minhas palavras! Embora o coração me estremeça e se sobressalte só de pensar que fui um estudioso aqui estes trinta anos, oh, quem me dera nunca ter visto Wertenberg, nunca ter lido um livro! E os prodígios que realizei, pode testemunhá-los a Alemanha inteira. Quê?... Todo o mundo!... Por eles perdeu Fausto a Alemanha e o mundo, mais, o próprio Céu, a mansão de Deus, o trono dos bem-aventurados, o reino da alegria... E há de ficar no Inferno para sempre, no Inferno... ah, no Inferno para sempre!... Meus bons amigos, que há de ser de Fausto, ficando no Inferno para sempre?!...

TERCEIRO LETRADO

Contudo, chama por Deus, Fausto!

FAUSTO

Por Deus, que Fausto abjurou! Por Deus, contra quem Fausto blasfemou! Ah, meu Deus, eu queria chorar, mas o Diabo recalca-me as lágrimas! Mais, a vida, a alma! Oh, que me sustêm a língua!... Queria erguer as mãos mas vede que mas seguram... que mas seguram...

TODOS

Quem, Fausto?

FAUSTO

Lúcifer e Mefistófeles. Ah, meus senhores, que lhes prometi a alma em troca do meu saber...

TODOS

Deus o defenda!...

FAUSTO

Deus o defendeu, na verdade. Mas fê-lo Fausto... Pelo prazer inútil de 24 anos, perdeu Fausto a glória e a felicidade eternas... Fiz-lhes uma escritura com o meu próprio sangue e o termo acabou... A hora chegará e hão de vir buscar-me...

PRIMEIRO LETRADO

Por que é que Fausto não no-lo disse há mais tempo, para que pudessem ter rezado teólogos por si?

FAUSTO

Pensei muitas vezes fazê-lo, mas o Diabo ameaçava-me de me por em bocados se citasse o nome de Deus, ou de me levar, corpo e alma, se desse ouvidos à Teologia... E agora já é tarde! Senhores, ide-vos embora, não vades perecer também comigo...

SEGUNDO LETRADO

Oh! Que havemos de fazer para salvar Fausto?

FAUSTO

Não penseis em mim, salvai-vos antes a vós e retirai-vos.

TERCEIRO LETRADO

Deus há de dar-me forças. Vou ficar com Fausto.

PRIMEIRO LETRADO

Não tentes a Deus, bom amigo. Vamos para o outro quarto e rezemos aí por ele.

FAUSTO.

Sim, rezai por mim, rezai por mim! E ouçais o barulho que ouvirdes, não venhais ter comigo, que nada me pode salvar.

SEGUNDO LETRADO

Pois reze, que nós pediremos a Deus que de ti se a amerceie.

FAUSTO

Adeus, meus senhores. Se eu chegar até pela amanhã, irei visitar-vos. Se não... é que Fausto foi para o Inferno.

TODOS

Adeus, Fausto!
   (*Saem os* LETRADOS. *O relógio dá onze horas.*)

FAUSTO

Ah! Fausto,
De vida, uma só hora agora tens,
E então estarás perdido eternamente!
Parai, esferas do Céu sempre moventes,
Cesse o tempo e não chegue a meia-noite.
Globo da Natureza,[98] torna a erguer-te,
E faz perpétuo o dia, ou, desta hora,
Um ano, um mês, uma semana, um dia,
Que eu possa arrepender-me e salve a alma!
O lente, lente currite noctis equi![99]
Estrelas, tempo avançam, e o relógio
Soará, vem o Demo e estou perdido...
Oh!
Ergo-me a Deus! Mas quem me puxa abaixo?
Vede,

[98] O sol.
[99] "Correi devagar, devagar, corcéis da noite!"

Vede a correr no Céu sangue de Cristo!
Uma só gota a alma me salvava...
Meia... Ah! Meu Cristo!
Ah!
Por citar Cristo o peito não me rasguem...
Contudo hei de invocá-lo!
Poupa-me, Lúcifer!...
Onde está 'gora? Foi-se! E vede Deus
Que os sobrolhos carrega, o braço estende!
Caiam-me em cima montes e montanhas,
E escondam-me da ira do Senhor!
Não! Não!
De cabeça me atiro terra a dentro!
Abre-te, oh, terra! Por que não me acolhes?
Estrelas, que à nascença me regestes,
Cuja influência trouxe inferno e morte,
Erguei vós Fausto, qual neblina baça,
Pra as entranhas das nuvens transientes,
Que deitem, ao golfarem pelo ar,
Os membros meus das fauces fumarentas,
E a alma tenha só que ao Céu subir.
(*O relógio dá meia hora.*)
Ah! Passou meia hora...
Breve há de passar tudo!
Oh, Deus,
Se não quiser's salvar a minha alma,
Por Cristo, cujo sangue me remiu,
Põe algum fim ao meu penar eterno!
Mil anos no Inferno viva Fausto,
Cem mil, mas... finalmente... seja salvo!
Oh!
Pras almas condenadas não há termo!
Por que não foras tu um ser sem alma,

Ou por que é imortal essa que tens?
Ai!… Oh, metempsicose de Pitágoras!
Se isso fosse verdade,
Esta alma ir-se-ia embora, e eu seria
Mudado em bruto! Que esses são felizes…
Pois, quando morrem,
Solve-se-lhes a alma em elementos…
A minha há de viver… penar no Inferno!
Ah! Malditos os pais que me geraram!
Não, Fausto: a ti e a Lúcifer maldiz,
Que te privou dos júbilos do Céu!
  (*O relógio dá meia-noite.*)
Soou! Soou! Corpo, desfaz-te em ar,
Ou Lúcifer te arrasta para o Inferno…
  (*Trovões e relâmpagos.*)
Oh, alma, torna-te em gotinhas de água,
E cai no mar, pra não ser's mais achada!
  (*Entram diabos.*)
Meu Deus! Meu Deus! Não me olheis tão ferozes!…
Cobras, serpentes: que eu respire um pouco!…
Fecha-te, Inferno! Lúcifer, não venhas!
Eu queimo os livros… ah… ah!… Mefistófeles!…
  (*Saem os diabos com* FAUSTO. *Entra o* CORO *pela quarta vez.*)

CORO

Cortado o ramo está, que poderia
Ter crescido direito, e estão queimados
Os louros apolíneos deste sábio.
Fausto morreu. Que o seu caso infernal,
E desgraça, oh, prudentes, vos exortem
A ficar pela mera admiração
Perante o proibido, cujo abismo

Aos audazes, como ele, incita a mente
A fazer mais, que o jus do Céu consente.
    (*Sai.*)

COLEÇÃO DE BOLSO HEDRA

1. *Iracema*, Alencar
2. *Don Juan*, Molière
3. *Contos indianos*, Mallarmé
4. *Auto da barca do Inferno*, Gil Vicente
5. *Poemas completos de Alberto Caeiro*, Pessoa
6. *Triunfos*, Petrarca
7. *A cidade e as serras*, Eça
8. *O retrato de Dorian Gray*, Wilde
9. *A história trágica do Doutor Fausto*, Marlowe
10. *Os sofrimentos do jovem Werther*, Goethe
11. *Dos novos sistemas na arte*, Maliévitch
12. *Mensagem*, Pessoa
13. *Metamorfoses*, Ovídio
14. *Micromegas e outros contos*, Voltaire
15. *O sobrinho de Rameau*, Diderot
16. *Carta sobre a tolerância*, Locke
17. *Discursos ímpios*, Sade
18. *O príncipe*, Maquiavel
19. *Dao De Jing*, Laozi
20. *O fim do ciúme e outros contos*, Proust
21. *Pequenos poemas em prosa*, Baudelaire
22. *Fé e saber*, Hegel
23. *Joana d'Arc*, Michelet
24. *Livro dos mandamentos: 248 preceitos positivos*, Maimônides
25. *O indivíduo, a sociedade e o Estado, e outros ensaios*, Emma Goldman
26. *Eu acuso!*, Zola — *O processo do capitão Dreyfus*, Rui Barbosa
27. *Apologia de Galileu*, Campanella
28. *Sobre verdade e mentira*, Nietzsche
29. *O princípio anarquista e outros ensaios*, Kropotkin
30. *Os sovietes traídos pelos bolcheviques*, Rocker
31. *Poemas*, Byron
32. *Sonetos*, Shakespeare
33. *A vida é sonho*, Calderón
34. *Escritos revolucionários*, Malatesta
35. *Sagas*, Strindberg
36. *O mundo ou tratado da luz*, Descartes
37. *O Ateneu*, Raul Pompeia
38. *Fábula de Polifemo e Galateia e outros poemas*, Góngora
39. *A vênus das peles*, Sacher-Masoch
40. *Escritos sobre arte*, Baudelaire
41. *Cântico dos cânticos*, [Salomão]
42. *Americanismo e fordismo*, Gramsci
43. *O princípio do Estado e outros ensaios*, Bakunin
44. *O gato preto e outros contos*, Poe
45. *História da província Santa Cruz*, Gandavo
46. *Balada dos enforcados e outros poemas*, Villon
47. *Sátiras, fábulas, aforismos e profecias*, Da Vinci
48. *O cego e outros contos*, D.H. Lawrence
49. *Rashômon e outros contos*, Akutagawa
50. *História da anarquia (vol. 1)*, Max Nettlau

51. *Imitação de Cristo*, Tomás de Kempis
52. *O casamento do Céu e do Inferno*, Blake
53. *Cartas a favor da escravidão*, Alencar
54. *Utopia Brasil*, Darcy Ribeiro
55. *Flossie, a Vênus de quinze anos*, [Swinburne]
56. *Teleny, ou o reverso da medalha*, [Wilde et al.]
57. *A filosofia na era trágica dos gregos*, Nietzsche
58. *No coração das trevas*, Conrad
59. *Viagem sentimental*, Sterne
60. *Arcana Cœlestia e Apocalipsis revelata*, Swedenborg
61. *Saga dos Volsungos*, Anônimo do séc. XIII
62. *Um anarquista e outros contos*, Conrad
63. *A monadologia e outros textos*, Leibniz
64. *Cultura estética e liberdade*, Schiller
65. *A pele do lobo e outras peças*, Artur Azevedo
66. *Poesia basca: das origens à Guerra Civil*
67. *Poesia catalã: das origens à Guerra Civil*
68. *Poesia espanhola: das origens à Guerra Civil*
69. *Poesia galega: das origens à Guerra Civil*
70. *O chamado de Cthulhu e outros contos*, H.P. Lovecraft
71. *O pequeno Zacarias, chamado Cinábrio*, E.T.A. Hoffmann
72. *Tratados da terra e gente do Brasil*, Fernão Cardim
73. *Entre camponeses*, Malatesta
74. *O Rabi de Bacherach*, Heine
75. *Bom Crioulo*, Adolfo Caminha
76. *Um gato indiscreto e outros contos*, Saki
77. *Viagem em volta do meu quarto*, Xavier de Maistre
78. *Hawthorne e seus musgos*, Melville
79. *A metamorfose*, Kafka
80. *Ode ao Vento Oeste e outros poemas*, Shelley
81. *Oração aos moços*, Rui Barbosa
82. *Feitiço de amor e outros contos*, Ludwig Tieck
83. *O corno de si próprio e outros contos*, Sade
84. *Investigação sobre o entendimento humano*, Hume
85. *Sobre os sonhos e outros diálogos*, Borges — Osvaldo Ferrari
86. *Sobre a filosofia e outros diálogos*, Borges — Osvaldo Ferrari
87. *Sobre a amizade e outros diálogos*, Borges — Osvaldo Ferrari
88. *A voz dos botequins e outros poemas*, Verlaine
89. *Gente de Hemsö*, Strindberg
90. *Senhorita Júlia e outras peças*, Strindberg
91. *Correspondência*, Goethe — Schiller
92. *Índice das coisas mais notáveis*, Vieira
93. *Tratado descritivo do Brasil em 1587*, Gabriel Soares de Sousa
94. *Poemas da cabana montanhesa*, Saigyō
95. *Autobiografia de uma pulga*, [Stanislas de Rhodes]
96. *A volta do parafuso*, Henry James
97. *Ode sobre a melancolia e outros poemas*, Keats
98. *Teatro de êxtase*, Pessoa
99. *Carmilla — A vampira de Karnstein*, Sheridan Le Fanu
100. *Pensamento político de Maquiavel*, Fichte
101. *Inferno*, Strindberg
102. *Contos clássicos de vampiro*, Byron, Stoker e outros

103. *O primeiro Hamlet*, Shakespeare
104. *Noites egípcias e outros contos*, Púchkin
105. *A carteira de meu tio*, Macedo
106. *O desertor*, Silva Alvarenga
107. *Jerusalém*, Blake
108. *As bacantes*, Eurípides
109. *Emília Galotti*, Lessing
110. *Contos húngaros*, Kosztolányi, Karinthy, Csáth e Krúdy
111. *A sombra de Innsmouth*, H.P. Lovecraft
112. *Viagem aos Estados Unidos*, Tocqueville
113. *Émile e Sophie ou os solitários*, Rousseau
114. *Manifesto comunista*, Marx e Engels
115. *A fábrica de robôs*, Karel Tchápek
116. *Sobre a filosofia e seu método — Parerga e paralipomena (v. II, t. I)*, Schopenhauer
117. *O novo Epicuro: as delícias do sexo*, Edward Sellon
118. *Revolução e liberdade: cartas de 1845 a 1875*, Bakunin
119. *Sobre a liberdade*, Mill
120. *A velha Izerguil e outros contos*, Górki
121. *Pequeno-burgueses*, Górki
122. *Um sussurro nas trevas*, H.P. Lovecraft
123. *Primeiro livro dos Amores*, Ovídio
124. *Educação e sociologia*, Durkheim
125. *Elixir do pajé — poemas de humor, sátira e escatologia*, Bernardo Guimarães
126. *A nostálgica e outros contos*, Papadiamántis
127. *Lisístrata*, Aristófanes
128. *A cruzada das crianças/ Vidas imaginárias*, Marcel Schwob
129. *O livro de Monelle*, Marcel Schwob
130. *A última folha e outros contos*, O. Henry
131. *Romanceiro cigano*, Lorca
132. *Sobre o riso e a loucura*, [Hipócrates]
133. *Hino a Afrodite e outros poemas*, Safo de Lesbos
134. *Anarquia pela educação*, Élisée Reclus
135. *Ernestine ou o nascimento do amor*, Stendhal
136. *A cor que caiu do espaço*, H.P. Lovecraft
137. *Odisseia*, Homero

Edição — Jorge Sallum

Coedição — Bruno Costa e Iuri Pereira

Capa e projeto gráfico — Júlio Dui e Renan Costa Lima

Imagem de capa — Iluminura. Manuscrito *Cutbercht Gospels* (Vienna, Österreichische National-bibliothek Cod. 1224)

Programação em LaTeX — Marcelo Freitas

Revisão — Bruno Oliveira e Iuri Pereira

Assistência editorial — Bruno Oliveira e Pedro Augusto

— Colofão — Adverte-se aos curiosos que se imprimiu esta obra em nossas oficinas em 6 de setembro de 2011, em papel off-set 90 g/m², composta em tipologia Minion Pro, em GNU/Linux (Gentoo, Sabayon e Ubuntu), com os softwares livres LaTeX, DeTeX, vim, Evince, Pdftk, Aspell, SVN e TRAC.